Le Guatémala Économique

Le Guatemala Economique

RENSEIGNEMENTS PRATIQUES & UTILES

A L'USAGE DES

**Industriels, Transporteurs, Capitalistes, Employés, Banquiers
Commerçants, Agriculteurs, Travailleurs**

OUVRAGES DU MÊME AUTEUR

Le Mexique Economique. — Renseignements pratiques et utiles à l'usage des Industriels, Capitalistes, Agriculteurs, Négociants Importateurs et des Travailleurs. Un volume in-8° raisin avec photographies hors texte, 3ᵉ édition (ouvrage couronné par la Société de Géographie commerciale de Paris)............................... **7 fr. 50**

Manuel Consulaire. — Guide pratique du Commerce d'Exportation, contient o,utre la liste du Corps Consulaire Etranger en France, des Conseillers du Commerce extérieur de la France et des Commissionnaires en marchandises de la place de Paris, les *renseignements pratiques nécessaires aux Exportateurs :* L'indication pour chaque pays des formalités requises pour l'expédition des marchandises, le *tarif exact* des droits consulaires, les modèles des factures consulaires, des certificats d'origine et de toutes formules de documents, les principales dispositions des lois douanières, etc...................... **7 fr. 50**

Le Guatemala Economique

PAR

Charles-H. STEPHAN

Consul du Guatemala à Paris

LAURÉAT DE LA SOCIÉTÉ DE GÉOGRAPHIE COMMERCIALE DE PARIS

MEMBRE DU CONSEIL SUPÉRIEUR DES COLONIES

RENSEIGNEMENTS PRATIQUES & UTILES

A L'USAGE DES

**Industriels, Transporteurs, Capitalistes, Employés, Banquiers
Commerçants, Agriculteurs, Travailleurs**

1907

PARIS

AUX BUREAUX DU JOURNAL

Le Commerce International

61, B^d BEAUMARCHAIS, 61

Tél. 216.39

CHEVALIER & RIVIÈRE

Editeurs

80, RUE JACOB, 80

Tél. 816.84

AVANT-PROPOS

———

Dans ce modeste exposé, nous avons tâché de faire connaître au commerce et à l'industrie français tous les débouchés dont ils peuvent profiter au Guatemala, et en même temps nous avons signalé à l'attention des hommes d'affaires tous les placements avantageux. Nous nous sommes aussi préoccupés de montrer aux travailleurs inoccupés ou dont le travail n'est pas suffisamment rémunéré, où et comment ils peuvent trouver un emploi utile et productif, un vaste champ d'activité et des profits, toutes choses qui, dans la vieille Europe, commencent à se faire rares, soit à cause de l'accroissement de la population ainsi que des impôts, de l'épuisement du sol, du perfectionnement de l'outillage, etc., et de la concurrence énorme qui en est le résultat.

Un coup d'œil sur la composition de la population européenne en pays neufs, et spécialement en Amérique, suffit à démontrer que la France s'est laissée devancer par les autres nations dans la vaste et noble entreprise de peupler, ou tout au moins d'exploiter les inépuisables richesses de ces contrées. Aux États-Unis, ce sont les Irlandais et les Allemands qui sont en majorité; dans la République

Argentine, les Italiens ; au Mexique, les Espagnols et les Américains du Nord, qui par leurs capitaux et leur travail personnel dominent aujourd'hui dans les grandes exploitations rurales, dans le haut commerce ainsi que dans la grande industrie. Ce sont principalement les Nord-Américains, les Anglais, les Allemands, les Italiens, les Espagnols qui entreprennent tout, qui exploitent tout et qui réalisent les gros bénéfices. Les emprunts publics se souscrivent à Londres, à Berlin, à New-York : ce sont les capitaux anglais ou allemands qui construisent les chemins de fer, qui fondent les grandes institutions de crédit, qui entretiennent les travaux publics, la grande culture ou l'élevage sur grande échelle.

Si notre commerce et notre influence restaient ce qu'ils étaient naguère, ce serait encore un grand dommage, car dans la voie du progrès c'est reculer que de ne pas avancer.

Mais c'est que nous ne sommes même pas stationnaires ; nous périclitons partout ; partout notre décadence commerciale se manifeste sans que nous fassions rien pour l'arrêter. C'est ce qu'il y a de plus douloureux, c'est qu'aucune précaution n'est prise, chez nous, pour enrayer cette décadence, soit même pour la rendre moins rapide.

Ce triste état des choses, vu la vitalité formidable de notre pays, ne peut se manifester brusquement, mais il nous apparaît peu à peu et le commerce français en ressent depuis trop longtemps, hélas ! les effets désastreux.

En tout autre autre pays, cette situation ferait la question du jour; les Pouvoirs publics s'en préoccuperaient vivement et commenceraient tout d'abord par faire une enquête sérieuse sur les causes qui l'auraient provoquée.

Malheureusement, chez nous, les questions économiques ne sont pas celles qui intéressent le plus les hommes politiques.

Nous avons cru faire œuvre patriotique en fournissant au commerce français, si désireux de maintenir ses positions à l'étranger, des données pratiques, qui lui permettront de reculer les limites de son activité et d'arrêter la marche envahissante de ses concurrents, dont la hardiesse résulte des connaissances beaucoup plus parfaites que celles qui ont été, jusqu'ici, mises à la portée de nos compatriotes.

Parmi les pays d'Amérique, qui tous méritent une attention soutenue, le Guatemala est un de ces vastes et riches pays qui doivent attirer les regards, et c'est celui-ci que nous avons entrepris de décrire à un triple point de vue :

D'abord, pour les capitalistes et financiers, qui trouveront au Guatemala des placements rémunérateurs et des affaires hors ligne.

Pour les négociants importateurs et exportateurs, dont l'action au Guatemala peut être sans limites.

Pour les travailleurs en agriculture et en industrie, qui trouveront, les premiers, dans les vastes et fertiles hauts plateaux guatemaltèques, avec un

IV

climat salubre, une production variée qu'ils sauront modifier par leurs procédés, suivant les exigences de la civilisation moderne; les seconds, non seulement un travail assuré et rémunérateur dans les usines existantes, mais surtout dans les nombreuses industries à créer dans ce pays où l'argent, l'or, le fer, etc., se trouvent en abondance.

Si, parmi les pays de l'Amérique latine, nous avons choisi le Guatemala pour la description de ses richesses naturelles et de ses besoins, c'est qu'il n'a jamais été décrit en France d'une façon pratique, et telle que le désirent les travailleurs que le chômage ou les lourdes charges devenues presque insupportables en France depuis quelque temps obligent à chercher dans les pays neufs, mais à climat tempéré, un travail devenu rémunérateur par l'amoindrissement des charges qui pèsent sur eux et les conditions normales de la vie.

Les capitalistes, ainsi que les négociants et les industriels, se trouvent dans le même cas que les travailleurs désireux d'émigrer. Les premiers ont été bien souvent victimes de leur bonne foi ou, pour mieux dire, de leur ignorance; quant aux négociants et aux industriels, nous avons dit qu'il n'a rien été fait d'utile pour eux, ni par les Pouvoirs publics, ni par l'initiative privée.

Le Guatemala Economique

Situation géographique. — La République de Guatemala est la plus septentrionale des cinq républiques qui constituent l'Amérique centrale. Ses limites sont : au nord, les Etats mexicains de Campêche et de Yucatan, la Colonie britannique de Belice et le golfe de Honduras ; à l'est, les républiques de Honduras et du Salvador ; au sud, l'Océan Pacifique, et à l'ouest, les Etats mexicains de Chiapas et de Tabasco.

Position astronomique. — La République de Guatemala est comprise entre le 13°42' et 17°49' de latitude nord et entre 88°10' et 92°30' de longitude ouest du méridien de Greenwich.

Superficie. — Sa superficie est évaluée à 164.200 kilomètres carrés. La côte baignée par l'Océan Atlantique a une longueur de 185 kilomètres, tandis que celle baignée par l'Océan Pacifique s'étend sur une longueur de 250 kilomètres.

C'est entre la Cordilière des Andes et l'Océan Atlantique que se trouve la plus grande largeur du pays. C'est aussi la partie la moins peuplée de la République, mais celle qui, par l'abondance et la fertilité de ses terres, est propre à toutes les cultures, et par les nombreuses mines que contient son soussol, est appelée à être la plus importante.

Population. — La population de la république de Guatemala peut être estimée à environ 1.900.000 habitants, dont approximativement une moitié de metis et blancs et une moitié d'indiens.

Pour pouvoir apprécier les forces productives humaines, il est intéressant de connaître la répartition de cette population selon le sexe et l'âge.

Le dernier recensement donne les chiffres suivants :

Hommes..................... 677.472
Femmes.................. 687.202

En ne tenant compte ni des individus d'un âge inférieur à 14, ni de ceux d'un âge supérieur à 60

ans, la force musculaire disponible représente 57 %
de la population totale.

La moyenne des naissances est de 48,3 pour mille
et celle de la mortalité seulement de 19 pour mille.

Distribution et densité de la population

Départements	Nombre d'habitants	Nombre d'habitants par kil. carré
Guatemala	147.840	70.6
Sacatepequez	42.713	74.2
Chimaltenango	57.177	27.2
Escuintla	32.001	9.1
Amatitlan	35.387	48.7
Santa Rosa	47.293	16.5
Solola	70.039	30.1
Totonicapam	89.338	95.6
Quezaltenango	111.138	47.6
Suchitepequez	37.796	22.5
Retalhuleu	27.777	16.5
San Marcos	89.322	27.7
Huehuetenango	117.127	14.4
Quiché	92.753	13.6
Baja Verapaz	54.816	16.3
Alta Verapaz	100.759	9.0
Peten	6.752	0.2
Izabal	7.401	1.0
Zacapa	47.362	12.7
Chiquimula	63.645	27.4
Jalapa	33.282	15.9
Jutiapa	52.856	16.0
	1.364.678	12.5

Ainsi qu'il en résulte de ce tableau, le maximum de la densité revient au département de Totonicapam, où le climat est froid et entièrement sain, le sol très fertile et où il n'existe pas de forêts épaisses.

La densité minima correspond au département de Peten, situé en pleine terre chaude et dont le sol est presque en totalité couvert de forêts immenses, humides et malsaines.

Les diverses colonies étrangères comprennent près de 22.500 personnes, dont 1.500 Américains du nord, 540 Espagnols, 500 Italiens, 450 Allemands, 400 Anglais, 300 Français, etc.

Les professions les plus exercées sont celles de : journaliers 330.000; *tortilleras* 50.000; tisserands 22.000; commerçants et débitants 13.500; couturières 10.000, servantes et cuisinières 18.000.

Cours d'eaux. — Dans le golfe du Mexique viennent se jeter :

L'*Usumacinta*, formé par la réunion du *Rio Negro* ou des *Salines* et du *Rio de la Pasion*.

Le *Cuilco* et le *Salegua*, qui, après s'être réunis en territoire mexicain, forment le *Rio Tabasco*.

Le golfe de Honduras reçoit :

Le *Hondo*, le *Belice*, le *Sarstun*, le *Dulce* et le *Motagua*.

Le *Rio de Paz*, le *Rio des Esclaves*, le *Michatoya*, le *Guacalate*, le *Coyolate*, le *Patulul*, le *Nagualate*, le *Samala*, le *Tilapa*, le *Naranjo* et le *Suchiate* se jettent dans l'Océan Pacifique.

Des embarcations de faible tonnage peuvent naviguer sur l'*Usumacinta*; le *Rio Negro*, après avoir franchi les Salines des Nueve-Cerros ; sur le *Rio de la Pasion*, après avoir reçu le *Chajmaick*; sur le *Sarstun*, après les rapides de Gracias á Dios ; sur le *Polochic*, depuis Panzos ; sur le *Dulce*, dans toute son étendue ; sur le *Motagua*, depuis Gualan ; et enfin sur le *Michatoya*, depuis son confluent avec le *Maria Linda*.

Un service régulier de navigation à vapeur est établi sur le *Polochio* et le *Dulce*.

Le Guatemala possède deux ports fluviaux : Panzos, sur le *Polochic*, et Gualan, sur le *Motagua*.

La Cordillère des Andes étant plus rapprochée du Pacifique, c'est vers l'Atlantique que se dirigent les fleuves les plus abondants.

Lacs. — On remarque ceux de *Peten*, d'*Izabal* et d'*Amatitlan*, dans les départements du même nom ; celui d'*Atitlan*, dans le département de Solola ; celui d'*Ayarza*, dans le Jalapa ; celui de *Guija*, entre le département de Jutiapa (Guatemala) et le département de Santa-Ana (Salvador).

Le lac du Peten a 48 kilomètres de long sur 10 de large.

Le lac d'Izabal, 50 kilomètres sur 25.

Le lac d'Atitlán, 25 kilomètres sur 11.

Le lac d'Amatitlán, 12 kilomètres sur 4.

Le lac d'Ayarza a 12 kilomètres de diamètre.

Le lac de Guija s'étend sur une longueur de 25 kilomètres avec 9 kilomètres de largeur.

Ils sont tous navigables, et des navires à vapeur silonnent ceux d'Atitlan et d'Izabal.

Montagnes. — La Cordillère des Andes traverse le Guatemala du nord-ouest au sud-est, à une distance de 50 à 80 kilomètres de l'Océan Pacifique.

La Sierra Madre ou monts Cuchumatanes s'étend sur les départements de Huehuetenango, Quiché et Alta-Verapaz. La Sierra de Chama sur une de Alta

Verapaz et d'Izabal, entre le *Rio de la Pasion;* au nord, le *Cahabon,* et le *Sarstun,* au sud. Cette chaîne est continué par la Sierra de Santa-Cruz.

La Sierra de las Minas couvre les départements de Baja-Verapaz, Zacapa et Izabal, entre le lac du même nom, le *Polochic* et le *Dulce,* au nord, et le *Motagua,* au sud.

La Sierra de Copan ou montagne del Merendon sépare les départements de Chiquimula et Izabal et la République de Honduras.

Elle donne naissance au *Rio Motagua,* au nord, et au *Chamelecon,* au sud; celui-ci appartient à la République de Honduras.

Enfin, dans le département de Santa-Rosa, entre le *Rio de los Esclavos* et le *Michatoya,* à l'ouest, on trouve les montagnes de Chiquimulilla.

L'altitude moyenne de la Cordillére des Andes est de 1.950 mètres. Les points culminants sont : le volcan de Tajumulco (4.390 mètres) et celui de Tacana (4.150 mètres) dans le département de San-Marcos, le volcan de Acanenango (3.906 mètres) dans le département Chimaltenango et celui de Fuego (3.740 mètres) dans le département de Sacatepéquez.

Climat et saisons. — De ce que le pays est placé entre deux océans peu distants l'un de l'autre, il semblerait que le climat doive être uniformément chaud et humide, alors qu'au contraire il est des plus variés et les différences y sont sensibles, dans le périmètre d'un même département.

Les vents dominants soufflent de l'Est et du Nord.

A certaines époques de l'année et sur les flancs méridionaux de la Cordillère soufflent les vents du Sud et du Sud-Est.

Le voyageur qui, parti de la côte, soit du Pacifique, soit de l'Atlantique, arrive au sommet de la Cordillère, éprouve les sensations produites par les climats les plus divers et voit passer devant lui tous les produits du règne végétal, depuis le cocotier et la canne à sucre jusqu'au blé et aux sapins; aussi est-ce avec raison, et en tenant compte de ces circonstances, que le Guatemala a été divisé en trois parties : la terre chaude (Tierra caliente), la terre tempérée (Tierra templada) et la terre froide (Tierra fria).

La zone qui s'étend en largeur des bords des deux océans, jusqu'à une altitude de près de 1.000 mètres, constitue la terre chaude : la température moyenne y est de 27 à 28 degrés que viennent modifier pendant l'hiver les vents du Nord sur la côte de l'Atlantique et les vents du Sud-Ouest et du Nord-Est sur la côte du Pacifique. C'est là la région du Guatemala que l'on peut avec raison qualifier de tropicale : la végétation y est exubérante et l'on y récolte sans exception tous les produits classifiés par la flore des zones torrides.

Le commerçant et le capitaliste européens peuvent avec profit se fixer sur la côte orientale du Guatemala, ils y trouveront un vaste champ ouvert à leur activité, mais, malgré quelques exemples de colonisation que l'on pourrait nous opposer, nous ne conseillerons pas à l'ouvrier émigrant, au petit cultivateur, de faire leur séjour de la terre chaude, du moins dans la partie que baigne l'Océan. Sans doute ils pourraient, comme tant d'autres, échapper aux fièvres, mais un climat débilitant aurait bientôt diminué chez eux cette énergie, cette puissance de travail qui sont les véritables causes du succès de l'européen au milieu des populations nonchalantes de cette partie du continent américain. Quant à la côte occidentale, elle est, comme nous l'avons dit et sauf dans certaines parties, plus hospitalière pour l'émigrant.

La terre tempérée, constituée par les plateaux et les vallées auxquels on arrive immédiatement après avoir traversé la terre chaude, s'étend jusqu'à une hauteur de plus de 1.500 mètres. C'est la région véritablement privilégiée du Guatemala, et l'on peut ajouter une des plus belles et des plus riches du monde : la température moyenne y est de 20 degrés, avec des écarts de 5 à 6 degrés à peine ; la végétation est à peu près celle de la terre chaude, mais moins exubérante ; on y récolte en abondance la canne à sucre, le café, le tabac, le coton, le maïs, et dans la partie la plus élevée, le blé. L'industriel et le cultivateur y trouvent de l'eau en abondance ; le climat y est généralement sain et l'acclimatation facile. C'est cette contrée qui doit attirer l'attention des hommes d'entreprise et qui est destinée à devenir le centre de l'immigration européenne.

Tout ce qui se trouve au-dessus des deux régions précédentes est connu sous le nom de terre froide. Ce nom semblera étrange quand nous dirons que la température moyenne y est de 16 degrés ; il faut ajouter cependant que la sensation de ce froid relatif, à la latitude du Guatemala, est vive même pour l'Européen acclimaté. La terre froide, moins favorisée que les autres au point de vue de la variété des productions, est cependant d'une grande fertilité : elle produit le blé, le maïs, l'orge et le maguey. C'est enfin dans cette région que se trouvent les villes les plus peuplées du Guatemala et les centres miniers les plus riches. Les terres froides sont constituées par les départements connus sous le nom de Los Altos, et qui sont : Quezaltenango, Solola, Quiché, Huehuetenango, Totonicapam et San Marcos.

Les conditions climatériques du Guatemala se modifient quelque peu en dehors de la zone tropicale; ainsi, dans les Etats situés sur la frontière du Nord, à des altitudes égales à celles que nous avons indiquées pour cette zone, correspondent généralement à des températures plus basses.

Il n'y a en réalité au Guatemala que deux saisons : la saison sèche et celle des pluies. La première dure du mois de novembre au mois de juillet, et, pendant ces huit mois, à peine si quelques ondées viennent rafraîchir le sol. Dans les premiers jours de juin et souvent vers la fin de mai, commencent ces pluies torrentielles qui tombent journellement. Sur certains points du pays, notamment dans la terre chaude et la terre tempérée, les orages se déchaînent exclusivement pendant la nuit : les matinées sont brumeuses jusqu'au moment où le soleil vient dissiper les nuages et donner à l'atmosphère cette transparence extraordinaire qui fait l'admiration de ceux qui l'observent pour la première fois.

En tenant compte exclusivement de la température, la division de l'année des saisons peut, en outre, être établie de la façon suivante : hiver : décembre, janvier, février; printemps : mars, avril, mai; été : juin, juillet, août; automne : septembre, octobre, novembre.

Cette division, qui présente de notables différences avec la division européenne, est à peu près générale au Guatemala et elle a comme conséquence de sérieuses modifications dans les systèmes de cultures qui doivent être adoptés dans le pays, modifications qui n'ont pas été sérieusement étudiées, surtout dans l'acclimatation des produits européens. C'est là une question qui devra être l'objet de toute la sollicitude des émigrants agriculteurs, qui devront s'appliquer à modifier intelligemment leurs méthodes.

Voici, en degrés centigrades, quelques données sur les températures observées en différents points du pays :

A Salama, dans le département de la Baja Vérapaz, à 920 mètres, on a observé de 1891 à 1892 un maximum journalier moyen de 27°9 et un minimum journalier moyen de 18°2.

A Chimax, dans le département de la Alta Vérapaz, à 1,306 mètres, les moyennes des températures extrêmes ont été en 1895 de 25°2 et 12°5.

A Guatemala, la capitale, à 1.480 mètres, les différences entre les températures du jour et de la nuit sont en moyenne de 10°2. En été, le maximum de température atteint, mais ne dépasse guère 26°.

A Quézaltenango, dans le département de ce nom, à 2.380 mètres, les moyennes des températures journalières extrêmes ont été en 1896 de 21°9 et 9°1.

Comme pour un point donné la température est surtout déterminée par l'élévation à laquelle se trouvent les terrains, voici, d'après le Dr Carlos Sapper, qui a fait de cet objet une étude spéciale, la répartition au Guatémala des diverses cultures suivant les hauteurs :

	Limite inférieure		Limite supérieure	
Café sur une grande échelle.	300 mètres		1,550 mètres	
Café sur une petite échelle .	0	»	1,800	»
Cacao sur une grande échelle	0	»	600	»
Cacao sur une petite échelle.	0	»	920	»
Canne à sucre en grand....	0	»	1,600	»
Canne à sucre en petit.....	0	»	1,900	»
Bananes	0	»	1,900	»
Tabac en grand	0	»	1,400	»
Tabac en petit	0	»	1,800	»
Coton	0	»	1,400	»
Riz	0	»	1,000	»
Indigo.................	0	»	700	»
Maïs	0	»	3,100	»
Haricots...............	0	»	3,000	»
Aji (piment)...........	0	»	1,700	»
Pommes de terre en grand.	1,500	»	3,100	»
Froment	1,800	»	3,150	»
Orge..................	1,450	»	3,000	»
Yucca.................	0	»	1,950	»
Aguacate	0	»	1,900	»
Oranges	0	»	2,100	»
Chirimoyas	0	»	1,400	»

Altitude. — Les altitudes des chefs-lieux de

département, au-dessus du niveau de la mer, sont
les suivantes :

Départements	Chefs-lieux	Altitudes en mètres
Guatemala	Guaetmala	1,480
Sacatepequez	Antigua	1,361
Chimaltenango	Chimaltenango.......	1,697
Escuintla	Escuintla	384
Amatitlan	Amatitlan...........	1,102
Santa Rosa	Cuajiniquilapa	989
Jutiapa	Jutiapa	868
Jalapa	Jalapa..............	1,410
Chiquimula	Chiquimula	356
Zacapa	Zacapa	156
Izabal	Livingston	14
Baja Verapaz	Salama	862
Alta Verapaz	Coban	1,234
Peten	Flores..............	147
Quiché	Santa Cruz del Quiché.	1,690
Huehuetenango	Huehuetenango	2,170
Totonicapam	Totonicapam	2,429
San Marcos	San Marcos	2,200
Quezaltenango	Quezaltenango	2,262
Suchitepequez	Mazatenango	334
Retalhuleu	Retalhuleu	298
Solola	Solola..............	1,811

Les pluies se répartissent d'une manière encore
bien inégale sur le territoire de la République, et

sous ce rapport on distingue facilement trois régions :
la première, où la pluie tombe abondamment pendant toute l'année, sans saison sèche bien marquée ;
la deuxième, où il pleut encore beaucoup, mais avec une saison sèche assez longue ; la troisième, où il pleut moins, avec la saison sèche de la plus longue durée.

A la première région appartiennent le département de la Alta Verapaz et la partie voisine de l'Atlantique du département d'Izabal. A Izabal, chef-lieu de ce dernier département, la hauteur d'eau pluviale annuelle atteint 3.096 millimètres ; à Chimax, localité au centre du premier département cité, 2.313 millimètres. Les pluies les plus copieuses tombent dans cette région pendant les trois derniers mois de l'année.

La deuxième région comprend les terres basses du littoral du Pacifique. La plus grande quantité d'eau tombe à partir d'avril jusqu'en octobre.

Enfin, il faut ranger dans la troisième région la plus grande partie de l'intérieur du pays. A Salama et à Quezaltenango notamment, chefs-lieux respectivement des départements de la Baja Verapaz et de

Quezaltenango, il pleut relativement peu, les mois de pluie commençant en mai pour finir en septembre. A Quezaltenango, la hauteur d'eau n'est que de 666 millimètres ; à Guatemala, qui fait partie de la région, cette hauteur atteint 1.460 millimètres, avec une saison pluvieuse qui se prolonge jusqu'en octobre et même en novembre.

Nature du sol. — Il résulte de ce qui vient d'être exposé précédemment, que les conditions climatologiques très variables des terrains au Guatemala admettent sur son territoire une grande diversité de cultures, depuis celles des terres chaudes jusqu'à celles des terres froides.

Quant à la nature du sol, autre élément important qui intervient dans la distribution des différentes cultures, les régions septentrionales et centrales du pays comprennent surtout des terres formées par la décomposition des roches. On comprend donc que, dans ces régions, les terres cultivables sont moins abondantes et se bornent surtout aux zones pluvieuses, c'est-à-dire à celles où les eaux ont opéré la décomposition du sol jusqu'à une assez grande profondeur. Les régions méridionales, par contre, sont constituées principalement par des terres volcaniques ou alluviales ou un mélange de celles-ci. Comme elles sont en outre abondamment arrosées, il s'ensuit que les différentes cultures, et principalement celle du café, se sont développées principalement dans les départements méridionaux de la République.

Classification des terrains d'après le Dr Carlos Sapper. — D'après ce savant naturaliste, on peut diviser le pays en cinq zones physiques pour ainsi dire parallèles, qui se succèdent comme suit en allant du nord au sud : deux zones humides, deux zones sèches, une zone humide.

Première zone humide : Elle comprend les départements du Peten et d'Izabal, et la partie septentrionale du département de la Alta Verapaz. Le département du Peten se trouve complètement en terre chaude et est couvert presque entièrement d'immenses bois, humides et malsains. Cette première zone humide ne compte en moyenne que 0.4 habitant par kilomètre carré.

Deuxième zone humide : A ces terrains, situés

plus haut au-dessus du niveau de la mer que ceux de la première zone humide, appartiennent la partie méridionale du département de la Alta Verapaz et les parties septentrionales des départements de Quiché et de Huehuetenango. La population est estimée à 10.4 habitants en moyenne par kilomètre carré.

Première zone sèche : Constituée par les parties méridionales des départements de Huehuetenango et de Quiché, et les départements de la Baja Verapaz et de Zacapa. Nombre moyen d'habitants par kilomètre carré : 17.7.

Seconde zone sèche : Elle comprend les départements de Chiquimula, de Jalapa, de Guatemala, d'Amatitlan, de Sacatépéquez, de Chimaltenango, de Solola et de Totonicapam ; les parties septentrionales des départements de Quezaltenango et de San Marcos, et la plus grande partie des départements de Santa Rosa et de Jutiapa. Le climat et le sol de cette seconde zone sèche sont plus favorables que ceux de la première zone sèche. Le département de Totonicapam et la partie septentrionale du département de Quezaltenango se distinguent surtout par leur climat froid et sain et la fertilité de leur sol. Nombre moyen d'habitants par kilomètre carré : 40.5.

Troisième zone humide : Située le long du Pacifique et comprenant les départements de Retalhuleu, de Suchitepequez et d'Escuintla, les parties méridionales des départements de San Marcos et de Quezaltenango, et les parties des départements de Santa Rosa et de Jutiapa qui avoisinent immédiatement le Pacifique. L'humidité de cette zone est moins grande que celle de la zone correspondante de l'Atlantique. Nombre moyen d'habitants par kilomètre carré : 15.1.

Division administrative. — La république de Guatemala est divisée en 22 départements dont le tableau ci-dessous indique la population et les chefs-lieux.

	DÉPARTEMENTS	POPULATION	CHEFS-LIEUX
		Habitants	
CENTRE	Guatemala	149.610	Guatemala
	Sacatépequez.....	11.375	Antigua
	Chimaltenango....	61.013	Chimaltenango
SUD	Escuintla	34.037	Escuintla
	Amatitlan........	35.954	Amatitlan
	Santa-Rosa.......	38.950	Cuajiniquitapa

DÉPARTEMENTS	POPULATION Habitants	CHEFS-LIEUX
Est		
Jutiapa...........	52.722	Jutiapa
Jalapa...........	35.955	Jalapa
Chiquimula	63.948	Chiquimula
Zacapa...........	44.216	Zacapa
Nord		
Izabal...........	5.067	Izabal
Baja-Verapaz.....	50.874	Salama
Alta-Verapaz.....	111.730	Coban
Peten...........	8.604	Flores
Quiché...........	92.300	Santa-Cruz del Quiché
Ouest		
Huehuetenango...	137.815	Huehuetenango
Totonicapam.....	260.042	Totonicapam
San-Marcos......	31.981	San-Marcos
Quezaltenango....	106.246	Quezeltnango
Retalhuleu........	25.009	Retalhuleu
Suchitepequez....	36.844	Mazatenango
Solola...........	84.329	Solola

Les 22 départements se divisent en 331 municipes que constituent les 31 districts électoraux établis selon la loi sur les élections du 20 décembre 1887.

Gouvernement. — La forme du Gouvernement du Guatemala est celle de la République démocratique et représentative.

Trois pouvoirs le composent : le pouvoir législatif, le pouvoir exécutif et le pouvoir judiciaire.

Pouvoir législatif. — Il appartient à l'Assemblée Nationale, composée à raison d'un député par 20.000 habitants ou par fraction au-dessus de 10.000. La durée du mandat législatif est de quatre ans. L'Assemblée est renouvelée par moitié tous les deux ans.

Pouvoir exécutif. — Est exercé par le Président de la République, fonctionnaire élu directement par le peuple, pour une période de six années, rééligible et responsable de ses actes devant l'Assemblée.

Le Président nomme pour l'expédition des affaires publiques six Secrétaires d'Etat ou Ministres, respectivement chargés des portefeuilles suivants : Intérieur et Justice, Relations Extérieures, Instruction Publique, Fomento (Travaux publics), Finances et Crédit public, et Guerre.

Un Conseil d'Etat composé de neuf membres examine les affaires pour lesquelles le Président de la République le consulte.

Le Gouvernement départemental est exercé par les Chefs politiques, ou Gouverneurs départementaux.

Pouvoir judiciaire. — Le pouvoir judiciaire

comprend : la Cour suprême de justice, formée de cinq magistrats et dont le siége est à Guatemala; six Cours d'appel composée chacune de trois magistrats et d'un trésorier, dont trois pour la capitale, une pour Quezaltenango, une autre pour Jalapa et une pour Coban.

Cinq tribunaux de première instance pour le département de Guatemala, trois pour celui de Quezaltenango, deux pour celui de San Marcos et un pour chacun des autres départements.

Garantie des Habitants. — La Constitution stipule que les autorités sont instituées pour maintenir les habitants dans la jouissance de leurs droits qui sont : la liberté, l'égalité et la sécurité de la personne, de l'honneur et des biens. Elle reconnaît la liberté de l'industrie, celle de la propriété; le droit de pétition, la liberté de conscience, le droit d'association, la libre émission de la pensée par la parole, par écrit et par la presse, sans censure préalable, la liberté d'enseignement, l'inviolabilité de la propriété, le droit de rétribution pour tout service qui n'est pas gratuit de par la loi; personne ne peut être retenu

prisonnier ou retenu sinon pour cause de faute ou de
délit; tout détenu doit être interrogé dans les quarante-huit heures et la détention ne peut excéder
cinq jours; le droit de *habeas corpus* est reconnu;
personne ne peut être obligé à déclarer contre soi-
même, contre son conjoint, ses ascendants, descen-
dants et frères et personne ne peut être jugé par des
tribunaux spéciaux; la correspondance d'une personne et ses papiers sont inviolables, de même que
le domicile. L'instruction primaire est obligatoire;
celle soutenue par la nation est laïque et gratuite.

Les droits civils sont indépendants de la qualité
de citoyen.

La loi ne reconnaît aucune différence entre le guatemalien et l'étranger, quant à l'acquisition et à la
jouissance des droits civils.

Les étrangers qui résident au Guatemala, comme
domiciliés ou de passage, ont leurs droits garantis :

A la sécurité et protection de leurs personne, biens,
habitation et correspondance, en la même forme que
les nationaux;

A émettre ou publier leurs idées dans les limites
prévues par les lois, tant par la parole que par écrit.

Ils pourront également être gérants, propriétaires ou représentants responsables de journaux et publications périodiques, quelle que soit leur nature, mais en tout cas ils devront se soumettre aux lois du pays, sur le même pied que les nationaux, sans pouvoir recourir à la voie diplomatique pour s'affranchir des responsabilités qu'ils encourent;

A diriger des pétitions par écrit aux pouvoirs publics, dans la même forme que les Guatemaliens, aux autorités et à leurs agents;

A l'exercice de leur culte religieux, conformément à la loi constitutive, dans les limites de la morale universelle et dans celles établies par les dispositions de Police;

A ce que justice leur soit donnée par les tribunaux et autorités, dans les cas et formes déterminés par les lois qui régissent leur compétence.

Les étrangers jouissent au Guatemala de tous les droits civils que les lois accordent aux Guatemaliens.

Les corporations et associations reconnues par la loi sont considérées comme personnes juridiques pour l'exercice desdits droits.

Les lois guatemaliennes sont applicables à tous

ceux qui se trouvent en territoire guatemalien, sans distiction de nationalité.

L'état et la capacité des personnes, ainsi que les relations de famille, se règlent par les lois de la nation à laquelle ces personnes appartiennent.

Les étrangers jouissent de tous les droits de famille; et par conséquent ils peuvent la constituer et contracter mariage avec des étrangers ou avec des nationaux.

Aperçu historique. — Ce fut Pedro de Alvarado qui entreprit la conquête du territoire en 1524, et il ne put y arriver qu'après avoir vaincu une résistance acharnée. Les Indiens étaient de vaillants guerriers, et ils ne succombèrent que grâce à la supériorité des armes des conquérants.

Le 15 septembre 1821, l'indépendance nationale fut proclamée et, en 1823, le Guatemala fit partie de la République du Centre-Amérique jusqu'en 1847, époque à laquelle il se sépara du pacte fédéral.

Pendant les premières années de la fédération furent élaborées des lois dénotant d'une civilisation très avancée. En 1839, le triomphe de la réaction détruisit ces progrès et jusqu'au 31 juin 1871 le pays resta dans l'inaction, sous des gouvernements conservateurs ; mais, à cette date, commença l'ère des réformes libérales qui ont placé le Guatemala à la hauteur de la civilisation dont il a tout le droit d'être fier aujourd'hui.

Le Président Estrada Cabrera. — S. E. don Manuel Estrada Cabrera, le Président actuel de la République du Guatemala, né à Quezaltenango en 1857, a donc, actuellement, quarante-sept ans, ce qui est la pleine jeunesse pour un homme politique.

Il fut reçu très jeune licencié en droit et se signala par sa thèse de droit spécial, qui produisit un vif mouvement d'intérêt dans le monde juridique. Il exerça quelques années la profession d'avocat, puis entra dans la magistrature. Juge en 1879 au tribunal de Retalhuleu, en 1892, il parvint au sommet de la hiérarchie, au ministère de la justice et de l'intérieur. Ses qualités d'ordre, de méthode, son intelligence rapide, sa haute fermeté, son autorité éclairée le firent nommer par l'Assemblée Nationale législative à la situation très importante de « Désignado à la Presidencia ». Le « designado », d'après la Constitution du Guatemala, doit succéder au président en cas de mort, démission, absence, etc., et convoquer le pays à de nouvelles élections. Estrada Cabrera fit montre en cette qualité d'une prudence, d'une énergie et d'un courage à toute épreuve, quand il prit en mains le pouvoir, à la suite de la mort tragique du président Reyna-Barrios.

En prenant possession des hautes fonctions que la loi lui conférait, alors que tout autre homme se fût découragé, lui, au contraire, grandit.

Il réprima la sédition militaire et l'anarchie politique. Il établit dans son administration la moralité la plus absolue et y fit régner l'honnêteté. Ses efforts dans ce sens ont sauvé la République, car, que serait-il advenu sans lui du Guatemala, accablé injustement par la force des choses ?

En effet, tout parut, à un moment donné, conspirer contre cette nation pourtant si intéressante. Son principal produit d'exportation, le café, devint une non-valeur sur les marchés européens; l'argent, base de la circulation fiduciaire baissa de prix dans des proportions jusqu'alors inconnues, et, comme si cela n'était pas assez, la nature impitoyable se fit sentir par des éruptions volcaniques qui, exploitées par des gens sans aveu et exagérées par une presse mercantile, causèrent à l'époque un décroissement des transactions commerciales, qui sont pour les nations un des nerfs de la vie...

A chaque coup du sort, Estrada Cabrera se montra plus grand, et bien présente est encore dans les esprits sa conduite héroïque et bienfaisante lors des tremblements de terre de l'année 1902. Partout, son effort se fit sentir; partout, ses émissaires accoururent avec des secours pour les nécessiteux. Et c'est à lui, c'est aux mesures énergiques et sages que lui-même dicta, qu'on doit de voir aujourd'hui les effets de ces désastres s'effaçant chaque jour, les populations revenir aux endroits pendant un moment abandonnés, et des nouvelles cultures s'implanter dans le sol du pays.

Les deux points principaux du programme politique de M. Estrada Cabrera furent le maintien de l'ordre, en s'appuyant sur la loi, et l'oubli constant, après application de la loi, de tout ce que la passion politique ou l'inimitié personnelle forgeait pour lui causer préjudice.

Quand la révolte tenta d'éclater, il lui fit face avec la sérénité des grands courages, et l'homme d'étude, le jurisconsulte amant de sa bibliothèque, montra à quelques militaires d'aventure qu'il y avait en lui l'étoffe d'un conducteur d'hommes et la rapidité de vue et de décision d'un véritable homme d'Etat.

Ses premières mesures furent des amnisties générales, et ses premières dispositions révélèrent déjà ce sentiment qui prédomine en lui : l'amour passionné de voir le peuple instruit. Il fit rouvrir les écoles, fermées par son prédécesseur dans un de ces moments où son oreille se prêtait aux conseils de l'obscurantisme. Et tout le peuple applaudit, et commença à aimer avec ferveur celui qui se présentait comme l'appui des humbles, le représentant du droit et le protecteur des déshérités de la fortune.

Le Président Cabrera réunit en lui ces qualités d'énergie, de tact et de savoir faire qui font les véritables hommes d'Etat. Estrada Cabrera n'a qu'un souci, l'avancement des intérêts moraux et matériels du peuple dont il dirige la destinée. Et quand on pense à l'effort de cet esprit toujours tendu vers ce but, aux travaux multiples que l'administration du pays lui impose et aux labeurs divers que la patrie réclame de lui, on ne peut que rester surpris devant tant d'énergie et de fermeté.

Le Président du Guatemala possède au plus haut degré les qualités de diplomate. C'est ainsi que les relations avec toutes les puissances étrangères s'améliorent de jour en jour sous son administration. Il sait, quand il le faut, faire montre d'énergie, comme il l'a prouvé il n'y a pas longtemps, quand l'indépendance et l'honneur du pays furent menacés par une bande innommable, et que la seule présence de l'armée guatemalienne, toujours prête à lutter pour le devoir, suffit à disperser comme de la graine au vent.

Ce fut au commencement de juillet 1904 que les Guatemaliens furent appelés à choisir le Président de la République pour la période 1905 à 1911. Et, comme tout le monde s'y attendait, ce fut mû par un véritable élan d'unanime sympathie que le peuple guatemalien alla aux urnes, et ce fut avec un enthousiasme indescriptible que l'on apprit le triomphe du nom d'Estrada Cabrera, qui fut proclamé à l'unanimité président pour la prochaine période. Le pays a donc devant lui une nouvelle ère de paix dont il ne peut manquer de tirer le meilleur profit.

Cet acte populaire fut un réel témoignage d'estime rendu en faveur de M. Estrada Cabrera, en reconnaissance des bienfaits sans nombre qu'il a su procurer à ses concitoyens.

La personnalité de M. Estrada Cabrera n'a plus besoin d'être présentée à l'Europe ; des années de dur labeur, d'honnêteté et de rectitude, d'énergie et de bonne volonté ont eu pour résultat que ceux-là mêmes qui nient aux peuples latins le don de savoir se gouverner, reconnaissent en lui un des gouvernants les plus sages que l'Amérique espagnole ait jamais eus.

Sa récente réellection à la présidence n'a pas seulement produit au Guatemala le plus grand enthousiasme ; elle a été vue aussi avec une légitime satisfaction dans les cercles commerciaux et politiques de l'Etranger. En effet, la continuité, à la tête du gouvernement, de l'homme qui, au milieu de difficultés inouïes, a su montrer du tact, de l'habileté, de l'énergie et être, en un mot, à la hauteur de sa tâche, assure non seulement la paix intérieure, mais aussi un prochain et équitable arrangement des graves questions financières qui dominent la situation actuelle.

Navigation. — *Ports maritimes.* — La côte du Pacifique n'offre aucun port qui soit un véritable abri pour les navires. On ne trouve que trois rades complétement ouvertes et battues par les vagues de haute mer : San José, Champérico et Ocos. Un peu plus bas que San José se trouve encore la rade d'Izabal, abandonnée pour San José, mais où, dans ces dernières années, il a été poursuivi des travaux pour l'approprier de nouveau à la navigation. La côte de l'Atlantique, au contraire, possède deux fort bons ports, méritant réellement ce nom : Puerto-Barrios et Livingston. Cependant, depuis l'exploitation de la partie achevée du chemin de fer du Nord, qui part de Puerto-Barrios avec l'espoir d'atteindre un jour la capitale, le mouvement commercial maritime sur la côte de l'Atlantique ne se fait pour ainsi dire plus que par ce dernier port.

La position exacte des ports de la République est :

pour Livingston, situé sur la rive gauche du *Dulce*, à 15°48' de latitude Nord et 88°46' de longitude Ouest du méridien de Greenwich ;

San José, 13°56' de latitude Nord et 90°57' de longitude Ouest ;

Champerico, 14°17' de latitude Nord et 91°57' de longitude Ouest ;

Ocos, à peu de distance au Sud-Ouest de Champerico ;

Santo Tomas se trouve à 15°38'3" de latitude Nord et 88°45'6" de longitude Ouest.

La rade de San José, qui est en communication avec la capitale au moyen du chemin de fer central, possède un bon môle, dont la construction et l'exploitation font l'objet d'une concession. Les travaux de chargement et de déchargement s'opèrent par la *Ajencia Maritima Nacional*.

Le môle de Champérico forme aussi l'objet d'une concession, et l'embarquement et le débarquement sont exécutés par la *Compania de Ajencias*. De Champerico part le chemin de fer occidental vers Retalhuleu et San Felipe, le projet existant de relier également cette dernière localité par la voie ferrée avec Quezaltenango.

Le môle d'Ocos est desservi par la même *Compania de Ajencias.*

Enfin, à Puerto-Barrios, les travaux de chargement et de déchargement sont encore exécutés par une *Compania de Ajencias.*

Mouvement maritime. — La statistique de la République est assez sobre de détails sur ce mouvement et ne permet pas de consigner, exception faite pour l'année 1898, le nombre de navires à l'entrée et à la sortie, ni par conséquent leur tonnage et leur nationalité. Les données des tableaux suivants offrent néanmoins quelque intérêt.

Passagers entrés

	1896	1897	1898
San José	4.564	3.762	2.121
Champérico	1.774	1,005	940
Ocos	646	735	270
Livingston	1.793	611	1.063
Puerto-Barrios	—		
Totaux	8.777	6.113	4.394

Passagers sortis

	1896	1897	1898
San José	3.310	3.118	2.111
Champérico	1.531	1.155	940
Ocos	453	274	270
Livingston	213		
Puerto-Barrios	—	475	1.063
Totaux	5.507	5.022	7.496

Marchandises entrées, à l'exception des bois (kilog.)

	1896	1897	1898
San José	64.707.076	44.585.341	24.162.574
Champérico	9.921.835	12.947.375	9.261.213
Ocos	5.590.766	4.801.690	2.052.415
Livingston	17.663.532		
Puerto-Barrios	—	11.884.911	5.646.552
Totaux	98.883.209	74.219.317	41.122.754

Marchandises sorties (kilogrammes)

	1896	1897	1898
San José	9.445.758	14.357.210	3.537.669
Champérico	13.685.327	27.931.421	16.114.417
Ocos	5.097.867	5.055.267	7.581.208
Livingston	4.111.879		
Puerto-Barrios	—	6.975.133	10.423.278
Totaux	32.840.831	54.319.013	37.656.572

Bois entrés (pieds) :

San José	999.794	560.268	—

Navires entrés

	1896	1897	1898
San José	—	—	161
Champérico	—	—	154
Ocos	—	—	101
Livingston	—	—)	
Puerto-Barrios	—	—)	409
Total	—	—	825

Navires sortis

	1896	1897	1898
San José	—	—	165
Champérico	—	—	153
Ocos	—	—	77
Livingston	—	—)	
Puerto-Barrios	—	—)	400
Total	—	—	815

Comment on se rend au Guatemala. — Il est loisible au voyageur européen d'arriver au Guatemala, soit par le Pacifique, soit par l'Atlantique.

Dans le premier cas, il dispose des lignes directes, viâ Détroit de Magellan, *Kosmos* et *Hamburgo Pacifico* qui font la traversée en 50 jours ; des lignes directes entre l'Europe et Colon : la *Royal Mail* viâ les Antilles, de Southampton ; la Compagnie Générale transatlantique de Saint-Nazaire ; la Compagnie Hambourgeoise Américaine ; la Compagnie Transatlantique de Barcelone ; la Compagnie des Antilles et du Pacifique et la ligne *Harrison*, de Liverpool, et la *Veloce*, de Gênes.

Le voyage viâ Colon-Panama dure 26 jours. En outre, soit par commodité ou par plaisir, on peut faire la traversée de l'Europe à New-York et de là à Colon. On peut également effectuer le voyage de New-York à San-Francisco par chemin de fer.

Par l'Atlantique, on peut aller directement, soit par la voie New-York - Nouvelle Orléans.

Voici comment s'effectuent les arrivées à Colon : Royal Mail, le lundi, toutes les deux semaines ; Cie Transatlantique française : de Marseille, le 9 ; du Havre-Bordeaux, le 19, et de Saint-Nazaire, le 29 ; Cie Hambourgeoise Américaine, de Hambourg, le Havre, etc., le 4, le 12 et le 23 ; Cie Transatlantique Espagnole, de Santander, le 19 ; la Cie des Antilles et du Pacifique et ligne *Harrison,* de Liverpool, tous les 14 jours.

Les vapeurs de la Pacific Mail arrivent de New-York les 17 et 27 de chaque mois, ainsi que ceux de la Cie Colombienne du chemin de fer de Panama (Panama Railroad S. S. Line).

De Colon à Panama, la durée du trajet en chemin de fer est de quatre heures.

Voici l'itinéraire des vapeurs de la Pacific Mail : le bateau partant de Panama le 9 arrive à San José de Guatemala le 15, à Champerico le 16 et à Ocos le 17. Celui qui part le 19 arrive le 28 à San José et le lendemain à Champerico. Et celui qui part le 28 arrive le 4 du mois suivant.

Le vapeur côtier qui part le 10 arrive à San José le 20, à Champerico le 21 et celui qui part le 30 arrive le 12 à San José et le 14 à Ocos.

Les dates de départ des vapeurs de la Pacific Mail, de San Francisco, sont les 8, 18 et 28.

Le 1er arrive à Ocos le 19, à Champerico le 21 et à San José le 24 ; le 2e arrive à Champerico le 2 et à San José le 5, et le 3e arrive à Champerico le 10 et à San-José le 15.

Le coût du passage est, en première classe :

de San José à Champerico	$ 10	argent
»	Ocos............	» 15 »
»	Acajutla	» 10 »
»	La Libertad.......	» 15 »
»	La Union	» 23 »
»	Amapala	» 30 »
»	Corinto	» 35 »

de San José à Puntarenas .... $ 50 argent
»   Panama.......... » 90   »

Le prix d'un passage d'un port du Centre Amérique à Londres ou Hambourg est de 1.875 francs en première classe et de 1.125 en deuxième classe.

Navigation maritime. — I. — *Lignes de navigation du Pacifique faisant escale dans les ports du Guatemala.* — Les ports du Pacifique (San José, Champerico et Ocos) sont desservis actuellement pas deux compagnies : la Pacific Mail S. S. Cº et la Kosmos Line (1).

A. — La *Pacific Mail S. S. Cº*, ligne américaine entre San Francisco et Panama et les ports intermédiaires de la côte du Pacifique, envoie trois ou quatre fois par mois, à date fixe, un vapeur de chacun de ces deux ports. En partant de San Francisco et arrivée dans les eaux du Centre Amérique, cette ligne touche aux ports guatémaliens d'Ocos,

---

(1) La *Compania Sud Americana de Vapores* (ligne chilienne) et le *Pacific Steam Navigation Cº* (ligne anglaise), qui envoyaient auparavant leurs vapeurs de Valparaiso à San Francisco, avec escale dans les ports du Centre-Amérique, ont tout récemment supprimé leur service au delà de Panama.

de Champerico et de San José; aux ports salvadoréens d'Acajutla, de La Libertad et de La Union; au port hondurien d'Amapala; aux ports nicaraguiens de Corinto et de San Juan del Sur, et au port costaricien de Puntarenas.

B. — La *Kosmos Line,* de Hambourg, part tous les quatorze jours pour la côte du Pacifique, *viâ* le détroit de Magellan, et remonte jusqu'à San Francisco. Alternativement, les vapeurs font escale, au départ, à Anvers et à Londres ou à Gênes et à Cadix, et se dirigent alors directement vers la côte du Pacifique, où ils touchent aux principaux ports, excepté Panama, et seulement occasionnellement aux ports de moindre importance. Au Centre-Amérique, les ports visités régulièrement par les vapeurs de cette ligne sont Corinto, au Nicaragua; Amapala, au Honduras; La Union, La Libertad et Acajutla, au Salvador, et San José, Champerico et Ocos, au Guatemala.

II. — *Lignes de navigation de l'Atlantique établissant la communication entre les ports du Pacifique et ceux des Etats-Unis et de l'Europe, par le chemin de fer de l'isthme de Panama.* —

Par le chemin de fer de Panama à Colon, la ligne A du Pacifique (1) est en communication avec les lignes suivantes de l'Atlantique, partant de Colon et se dirigeant, soit vers les Etats-Unis, soit vers l'Europe :

A. — La *Panama Railroad S. S. Line*, service hebdomadaire entre Colon et New-York et *vice versa*.

B. — La *Compagnie générale Transatlantique* a trois services mensuels différents : le premier, de Colon à Saint-Nazaire, viâ La Martinique et La Guadeloupe, après avoir touché à différents ports de la Colombie et du Venezuela; le deuxième, de Colon à Marseille, après avoir fait escale à Limon (Costa Rica) et se dirigeant ensuite, avec le même itinéraire que le service précédent, sur Marseille, après une escale à Bordeaux-Pauillac; le troisième, de Colon à Bordeaux et au Havre, après avoir touché à Limon (Costa Rica), Trinidad, La Martinique, La Guadeloupe et Santander.

----

(1) La ligne B du Pacifique a été supprimée depuis le 1er septembre 1902.

C. — La *Compania Transatlantica* envoie une fois par mois un vapeur de Colon à Barcelone et éventuellement à Gênes, viâ l'île de Curaçao, les ports de la Colombie et du Venezuela, ceux de Porto-Rico, Sainte-Croix de Ténériffe, Las Palmas, Santander et Cadix. En venant d'Europe et immédiatement avant d'arriver à Colon, cette ligne fait escale à Limon (Costa Rica).

D. — La *Royal Mail Steam Packet C⁰* part de Colon le vendredi, toutes les deux semaines, pour Plymouth, Cherbourg et Southampton, viâ La Jamaïque, Taïti et Barbade. De ce dernier point, la compagnie envoie des vapeurs secondaires à George-Town et à différentes stations des Petites-Antilles.

E. — La *Leyland and Harrison Line*, qui constitue un service combiné de la ligne *Frederick Leyland and C⁰* (1900) limited (*West India and Pacific Branch)* et de la *Harrison Line*, envoie à peu près toutes les semaines un vapeur de Colon à Liverpool, avec escale dans les ports mexicains, et touchant encore fréquemment, soit à Bélize (Honduras britannique), soit à la Jamaïque, et plus rarement à Puerto-Barrios (Guatemala). En partant de Liverpool, ces vapeurs se dirigent directement sur Colon.

F. — La *Hamburg-American Line* expédie deux fois par mois un vapeur de Hambourg à Colon et Limon (Costa Rica), l'un viâ Saint-Thomas, Kingston, San Juan del Norte (Greytown, Nicaragua) et les ports de la Colombie; l'autre, viâ Anvers, Saint-Thomas et les mêmes ports colombiens.

G. — *La Veloce*, compagnie italienne, part actuellement une fois par mois de Colon pour Gênes et *vice versa*, avec escale aux ports de la Colombie, Curaçao, les ports du Venezuela, Puerto-Rico, Saint-Thomas et Ténériffe.

III. — *Lignes de navigation de l'Atlantique faisant escale dans les ports de Guatemala.* — Les ports de l'Atlantique (Puerto-Barrios et Livingston) sont visités par les vapeurs des quatre compagnies suivantes : la United Fruit Cº, la Mobile S. S. Line, la Hamburg-American Line et la Leyland et Harrison Line.

A. — La *United Fruit Cº* fait un service régulier et hebdomadaire entre la Nouvelle-Orléans, Belize, Livingston, Puerto-Barrios et Puerto-Cortez (Honduras). Ces vapeurs partent de la Nouvelle-Orléans chaque jeudi et touchent aux ports que je viens d'indiquer. Le départ de Puerto-Cortez a lieu chaque mercredi, avec escale à Belize seulement. La correspondance d'Europe et des Etats-Unis pour le Guatemala vient par cette ligne, qui la prend, au retour, pour la Nouvelle-Orléans et les destinations subséquentes.

Outre ce service régulier, la même compagnie a d'autres vapeurs en service entre les ports du Honduras et du Guatemala, d'une part, et la Nouvelle-Orléans et Mobile, d'autre part, principalement pour le transport des bananes vers les Etats-Unis. La plupart de ces vapeurs sont loués et naviguent sous pavillon norvégien.

B. — La *Mobile S. S. Line*, entre Mobile, Belize, Livingston, Puerto-Barrios et Santo-Thomas (petit port du Guatemala), ne fait ce service qu'avec un seul vapeur, qui est encore loué et navigue aussi sous pavillon norvégien.

C. — La *Hamburg-American Line*, dont il a déjà été question ci-dessus, a organisé aussi un service mensuel entre Hambourg, Anvers et le Hâvre, d'une part, et Progreso (Mexique), Livingston et, occasionnellement, Puerto-Barrios et quelques ports du Honduras, d'autre part, avec des escales intermédiaires aux îles de Saint-Thomas, de Haïti et de Cuba. Beaucoup de marchandises expédiées au Guatemala viennent par cette ligne. Au retour, ces vapeurs n'ont pas d'itinéraire fixe ; quelquefois ils touchent aux ports de la Jamaïque ou d'Haïti, d'autres fois ils vont directement aux Etats-Unis.

D. — La *Leyland and Harrison Line,* qui figure également dans la nomenclature des lignes entre Colon et l'Europe, ne touche à Puerto-Barrios qu'occasionnellement, quand il y a un chargement de bois à prendre.

Frets. — A l'importation comme à l'exportation, la majeure partie des marchandises en provenance d'Europe ou destinées à l'ancien continent, transite par l'isthme de Panama. 80 % des marchandises importées d'Europe viennent en effet par Colon et Panama, tandis que 20 % seulement formés principalement par les marchandises lourdes : fers, ciments, etc., sont amenés par le détroit de Magellan. A l'exportation 40 % environ du café dirigé sur Hambourg et Londres prennent la voie du détroit, les 60 % restants étant envoyés par l'isthme.

Le fret de la Cⁱᵉ Kosmos est en moyenne de 40 shillings la tonne anglaise ; durée du voyage d'Anvers aux ports de l'Amérique Centrale, plus de trois mois. Le fret d'Anvers auxdits ports centre-américains, viâ Colon et Panama, est de 60 shillings pour les fers, de 85 sh. pour les cuirs, et en moyenne de 75 sh. pour marchandises générales, également par tonne anglaise de 1.016 kilogrammes. La durée de ce voyage est de deux mois.

Voici le tableau des distances, frets et passages de Panama aux ports du Centre-Amérique :

PORTS	DISTANCES Millés	FRETS Dollars par tonne anglaise	PASSAGES Dollars
Punta Arenas........	460	7	25
Corinto.............	732	9	45
Amapala............	799	9	55
La Union...........	820	9	60
La Libertad........	932	10	70
Acajutla...........	968	10	75
San José...........	1030	10	80
Champerico.........	1104	10	85
Ocos..............	1125	11	90

Les passages de troisième classe coûtent la moitié de ce tarif.

Organisation douanière. — La loi organique des douanes de la République a été promulguée par un décret en date du 27 février 1894. En voici les principales dispositions :

Les ports sont divisés en principaux et en secondaires. Par les premiers, peuvent être importées et exportées toutes espèces de marchandises, à l'exception des articles prohibés. Peut également y être opéré le transbordement de marchandises à destination de l'étranger où à d'autres ports de la République. Par les seconds, peuvent être effectuées l'exportation des produits nationaux et seulement l'importation d'un certain nombre de marchandises énumérées dans la loi.

Sont classés comme ports principaux : San José, Champérico et Ocos, sur la côte du Pacifique, et Puerto-Barrios, sur la côte de l'Atlantique.

Sont classés comme ports secondaires : Livingston et Santo Tomas, dépendant de Puerto-Barrios.

Les douanes sont divisées en douanes de transit, douanes de vérification indépendantes et douanes de vérification dépendant de l'Administration des revenus ou d'une douane indépendante. Des douanes de transit, les marchandises sont dirigées sur les douanes de vérification, où sont remplies toutes les formalités de la visite et perçus les droits.

Sont douanes de transit : San José et Champérico.

Sont douanes de vérification indépendantes : Guatemala, Retalhuleu, Ocos et Puerto-Barrios.

Sont douanes de vérification dépendantes : Dolores et Plancha de Piedra, dépendant de l'Administration des revenus du département du Péten; Nenton, dépendant de l'Administration de Huehuetenango; San Luis, dépendant de l'Administration de San Marcos, et Ayutla, dépendant de la douane d'Ocos.

On remarquera que toutes les douanes dépendantes sont des douanes terrestres.

La visite de mouillage est faite par le capitaine du port.

Le manifeste, en triple expédition et rédigé en langue espagnole, doit être remis dans les douze heures.

Le débarquement des marchandises dans les ports secondaires est sujet à l'autorisation de l'administration de la douane correspondante.

Le permis de déchargement doit être demandé sur papier timbré.

Un employé de la douane inscrit à bord, dans un registre spécial, les marques, les contre-marques et les numéros des colis.

Les heures de travail dans les ports sont de 6 heures du matin à 5 heures du soir, sauf autorisation de travailler en dehors de ces heures. Les dimanches et jours de fête officiels, le travail est suspendu, à moins encore que l'autorisation de travailler pendant les jours de fête ait été accordée.

Immédiatement après le déchargement, la douane fera procéder à une visite du navire à l'effet de vérifier si les colis déclarés en transit ou certaines marchandises non comprises dans le manifeste se trouvent à bord.

Le transbordement de marchandises non comprises dans le manifeste ne peut s'opérer qu'en vertu d'un permis. Pareille formalité est encore exigée pour pouvoir commencer le chargement d'un navire ou pour opérer le chargement et le déchargement en même temps.

Peuvent être réembarquées les marchandises déposées dans les douanes des ports, mais le réembarquement n'est plus autorisé quand les marchandises sont arrivées dans les magasins des douanes de vérification à l'intérieur de la République.

Pour qu'un navire puisse lever l'ancre, le consignataire doit présenter la note exacte de la charge, ainsi que la liste des passagers.

Les marchandises déposées dans les douanes de transit doivent être dirigées sur les douanes de vérification dans le mois qui suit leur débarquement, à moins qu'elles ne soient destinées à la consommation du port, auquel cas elles peuvent être laissées en dépôt dans les magasins de la douane pour un terme de six mois, sans responsabilité pour l'Etat.

Les frais de transport des douanes de transit aux douanes de vérification sont avancés pour ces dernières, mais celles-ci se remboursent sur les intéressés, en augmentant les frais de 10 %.

Les marchandises peuvent rester dans les magasins des douanes de vérification pendant six mois, comptés à partir du jour de leur débarquement, en payant les droits d'entreposage dont il sera parlé dans un autre paragraphe du présent chapitre. Les six mois révolus, les droits d'importation doivent être acquittés.

Les liqueurs en fûts pourront être transvasées et les fûts vides enlevés sans payer de redevance.

Les vins, liqueurs et comestibles altérés au point d'être nuisibles à la santé seront détruits, le propriétaire restant obligé de payer les droits d'entreposage et les autres frais qui lui incombent. Ces mêmes marchandises, simplement avariées, pourront être réembarquées par les intéressés dans un délai à fixer par la douane. Cependant, les vins et les liqueurs reconnus impropres à la consommation seront réembarqués immédiatement pour le compte des intéressés. Dans ces deux derniers cas, les marchandises ne pourront être dirigées sur un autre port de la République.

A l'expiration des six mois d'entreposage, les marchandises non retirées de la douane seront vendues à l'encan.

La douane ne répond pas des pertes ou de la détérioration de marchandises contenues dans des colis qui auraient été introduits brisés ou fracturés. Il en est de même des cas d'incendie ou de force majeure. Le propriétaire de la marchandise n'est indemnisé que dans le cas où il prouverait que le dommage ou la soustraction est à imputer aux employés de la douane ou est dû à leur négligence.

Pour enlever les marchandises des douanes de vérification, l'intéressé a à présenter une déclaration sur papier timbré spécial, indiquant le contenu des colis, leur nombre, leur provenance, le nom du navire transporteur et la date de son arrivée, les marques et contre-marques, le poids en kilogrammes, la date et la signature du déclarant. Un double de cette déclaration, sur papier ordinaire, doit être présenté en même temps. En outre, la déclaration doit être accompagnée de la facture consulaire et de la facture originale. Le défaut de facture consulaire entraîne une augmentation de droits de 50 %.

Les passagers ont à présenter leurs bagages à la douane du port de débarquement. S'ils sont porteurs d'objets qui ont à acquitter plus de 100 piastres de droits, ils ont également à remplir la formalité de la facture consulaire.

Les échantillons d'objets entiers, tels qu'ouvrages en fer ou autres, sont soumis aux droits, à moins d'être rendus inutilisables.

Le compte des droits d'importation sera arrêté

dans les trois jours comptés à partir de la vérification des marchandises.

Les importateurs pourront retirer leurs marchandises partiellement contre remise de valeurs suffisantes pour garantir le paiement des droits, lorsque, à l'appréciation de la douane, les intéressés manquent de fonds pour acquitter immédiatement les droits.

La valeur des droits d'entrée est à payer dans les quarante-huit heures de la réquisition de la douane, sous peine de 5 %.

Les factures originales sont restituées aux importateurs.

On ne peut retirer des douanes de transit que les vivres destinés à la consommation du port et les machines et articles admis en franchise. Pour les autres articles, une autorisation du Ministre des finances est requise.

A part les cas de réexportation des vins, des liqueurs et des comestibles pour cause d'avarie, ou des vins et des liqueurs reconnus impropres à la consommation, cas dont il a été question ci-dessus, la réexportation des marchandises étrangères est actuellement frappée d'un droit de 2 piastres par kilogramme de poids brut. Cette mesure, qui a fait l'objet d'un décret en date du 6 septembre 1899, a pour but d'empêcher la réexportation des produits que le bas change actuel de la piastre nationale ne permet plus de réaliser sans perte et que certaines maisons de la République évacuaient vers le Mexique et même vers San Francisco.

Les marchandises étrangères et les produits et articles manufacturés nationaux, non sujets à des droits d'exportation, envoyés de l'intérieur aux ports, s'exportent au moyen d'une *passe libre* délivrée par la douane intérieure ou, à défaut de celle-ci, par l'Administration des revenus.

Cette même formalité est appliquée pour transiter dans l'intérieur de la République avec des marchandises étrangères autres que vins, liqueurs et articles soumis à la régie, et dont la valeur dépasse 100 piastres.

La même loi organique, dont je m'occupe ici, spécifie les cas de contrebande et détermine les amendes en cas d'infraction.

Factures consulaires. — J'ai mentionné dans le paragraphe précédent que les marchandises importées devaient être accompagnées d'une facture consulaire. Voici séparément, mais en résumé, ce que spécifie à ce sujet la loi organique des douanes du 7 février 1894 :

Toute marchandise, même au cas où elle serait consignée au gouvernement de la République ou admise en franchise, doit être accompagnée d'une facture consulaire, certifiée par le consul du Guatemala du lieu dont provient cette marchandise. Ne font exception que les objets faisant partie des bagages des voyageurs et dont les droits sont inférieurs à 100 piastres.

Cette facture se fait en quadruple expédition : un exemplaire pour le remettant, le second pour les archives du consulat, le troisième est renvoyé par le consul au ministère des relations extérieures, le quatrième est adressé par le même fonctionnaire à la douane où doivent se faire les opérations du dédouanement.

Outre des renseignements complets sur le navire transporteur, la facture consulaire contiendra des données dont le programme se trouve amplement spécifié dans la loi.

Les consuls ne pourront certifier la facture qui ne contiendrait pas ces données.

Les droits suivants doivent être acquittés par l'expéditeur lors du visa de la facture consulaire par le consul du Guatemala du lieu de provenance des marchandises expédiées :

Jusqu'à 500 francs : 17 fr. 50; de 500 à 2.000 : 25 fr.; de 2.500 à 5,000 : 35 fr.; de 5.000 à 15.000 : 40 fr.; de 15.000 à 30.000 : 50 fr., et 5 fr. par 5.000 en plus.

Le jeu des quatre formules de factures consulaires coûte un franc.

Droits d'entreposage. — Un décret, en date du 19 janvier 1895, a stipulé que les marchandises de toute espèce emmagasinées dans les entrepôts de la douane et y restant plus d'un mois à partir de la date de leur débarquement, acquitteront un droit d'entreposage de 8 centavos par jour et par 100 kilogrammes ou fraction de 100 kilogrammes. Cependant, quand la marchandise sera détenue dans les magasins par suite d'une contestation pendante, les droits d'entreposage ne seront pas dus. Durée maximum de l'entreposage : six mois.

Quant au tabac importé, qui seul fait exception à la disposition précédente, la loi du 9 juin 1899 a établi que cet article pourra rester pendant un mois en dépôt dans les magasins de la douane chargée de son dédouanement, sans être assujetti aux droits d'entreposage, mais qu'après ce délai d'un mois, il sera perçu 1 centavo par livre et par mois. Si ensuite le tabac n'est pas retiré dans le délai de soixante jours, il sera vendu aux enchères publiques, et, après prélèvement des droits d'entrée et de magasinage, le solde net de la vente, s'il y en a, sera versé à l'intéressé.

Droits d'importation. — Le tarif entré en vigueur le 1er janvier 1894, mais modifié depuis par un certain nombre de décrets en plusieurs de ses parties, fixe les droits que les marchandises ont à acquitter à leur importation dans la République. Selon la nature de ces marchandises, les droits sont appliqués au poids brut, au poids de la marchandise avec celui du contenant immédiat, ou bien encore au poids net.

Les marchandises y sont groupées en quinze sections, comme suit : 1o articles prohibés; 2o articles exempts de droits; 3o articles en coton; 4o articles en lin; 5o articles en laine; 6o articles en soie; 7o articles en fer; 8o articles en cuivre et ses alliages, en plomb et en étain; 9o articles en bois et en fer et bois; 10o cuirs et peaux, et articles manufacturés de ces matières; 11o verre, faïence et terre; 12o articles divers; 13o articles en papier, en carton et articles de bureau; 14o vins, liqueurs et produits alimentaires, et 15o drogues, médicaments, etc.

Calcul des droits d'importation. — 1o Le décret no 525, du 24 avril 1902, a augmenté de 20 %, pour un terme de cinq années, à partir du 1er mai 1902, les droits d'entrée sur les vins, les bières et les liqueurs, lesquels droits étaient perçus, avant ledit décret, conformément à la taxe établie par le tarif du 1er janvier 1894;

2o En vertu du décret no 585, du 1er août 1898, 30 % des droits d'importation sont payables en or;

conformément au décret n° 551, du 16 mai 1902, ces 30 % en or devront être acquittés en or américain ou en traites équivalentes et acceptables, représentant cette monnaie;

3° Le régime douanier appliqué aux tabacs est différent et a été établi comme suit : un premier décret, le n° 269 du 26 mai 1894, a fixé à 1 piastre le droit d'entrée par livre de tabac brut et à 2 piastres par livre celui du tabac manufacturé de toute espèce, y compris le contenant; un décret en date du 29 juillet 1899 a ensuite établi sur les deux catégories des droits additionnels de respectivement 7 et 15 %, la dixième partie du droit total (droit principal augmenté du droit additionnel) devant être acquittée en or; enfin, le décret n° 525, du 24 avril 1902, a stipulé qu'à partir du 1er mai 1902 et pour un terme de cinq années, la partie du droit total payable en or serait de 20 %.

En vertu d'un décret, en date du 1er janvier 1901, sont exempts de droits d'entrée tous les produits du sol ou de l'industrie des républiques du Salvador, du Honduras, du Nicaragua et de Costa-Rica, importés par les douanes maritimes ou terrestres. Sont exceptés de cette disposition : le sel, le tabac et les articles qui font actuellement l'objet d'un monopole ou pour lesquels un régime de cette nature pourrait être adopté ultérieurement.

Marchandises dont l'importation est prohibée. — Sont prohibés à l'entrée dans la République les machines pour la fabrication des monnaies; les armes à feu ou à répétition des calibres 58, 50, 44 et 43; les balles de fer ou de plomb, bombes, grenades et autres projectiles de guerre; canons ou pièces d'artillerie, carabines, fusils du modèle adopté par l'armée et ceux des systèmes Evans, Winchester et Remington; les cartouches pour fusils et revolvers de toutes classes et calibres; les estampes, livres ou objets obcènes et contraires à la moralité et aux bonnes mœurs; la fausse monnaie; le nitrate de potasse (salpêtre) au-dessus de 10 kilogrammes; la nitroglycérine et la dynamite; la poudre de toutes classes, et les sifflets employés par la police.

Droits d'exportation. — Les droits d'exportation actuellement perçus sont les suivants :

1° Sur le *café décortiqué :* 6 piastres de monnaie nationale par quintal de poids net; sur le *café en parche* : 4.80 piastres de la même monnaie, également par quintal de poids net.

Pendant les années 1896, 1897 et jusqu'au 1er juillet 1898, le droit d'exportation sur le café avait été de 1 1/2 piastre-or (6 shillings de monnaie anglaise) par chaque quintal de café décortiqué.

Le décret n° 375, du 5 avril 1898, établit ensuite qu'à partir de la date sus-indiquée du 1er juillet 1898, ce droit serait de 1 piastre-argent nationale par quintal de café décortiqué, avec la valeur correspondante pour le café en parche (les quatre cinquièmes).

En vertu du décret du 9 juillet 1899 (voir au § 2), le droit de 1 piastre-argent devint 1 piastre-papier.

Le décret n° 603, du 20 octobre 1899, ajoute alors 1 piastre de monnaie nationale au droit établi par le décret n° 375, du 5 avril 1898, la cinquième partie étant déduite du café en parche pour tenir compte de la tare. Le droit devint donc de 2 piastres de monnaie nationale par quintal de café décortiqué et de 1.60 piastre de la même monnaie par quintal de café en parche.

Enfin, depuis le décret n° 609, du 5 juillet 1900,

applicable depuis le 1er du même mois, le droit d'exportation par quintal de café décortiqué est de 6 piastres de monnaie nationale, avec un droit correspondant pour le café en parche ;

2° Sur les *cuirs de bœuf* : 1/2 piastre de monnaie par pièce (décret nº 603, du 20 octobre 1899) ;

3° Sur le *caoutchouc* : 10 piastres de monnaie nationale par quintal de poids brut (décret nº 603, du 20 octobre 1899) ;

4° Sur les *peaux de chevreuil ou de mouton* : 3 piastres de monnaie nationale par quintal de poids brut (décret nº 603, du 20 octobre 1899).

Régie du tabac. — Un décret en date du 9 juin 1899 a établi les dispositions suivantes, relativement à la culture, à la fabrication et à la vente des tabacs bruts et manufacturés.

L'ensemencement, la culture et l'élaboration du tabac du pays sont, sans aucune restriction, exempts de tout impôt fiscal ou municipal.

Le tabac en feuilles, en poudre ou manufacturé de quelque manière que ce soit, de production indigène ou de provenance étrangère, ne pourra être vendu que dans les dépôts de la régie à ce autorisés; ces dépôts sont assujettis à une taxe de 5 ou de 20 piastres par mois, suivant l'importance des localités où ils seront établis. Cette disposition n'est cependant pas applicable aux cigares et cigarettes fabriqués dans le pays, dont la vente est absolument libre et exempte de toute taxe.

Les droits d'importation sur les tabacs ont été indiqués dans un paragraphe précédent. L'exportation du tabac brut ou manufacturé est libre.

Quiconque aura contrevenu au décret qui fait l'objet du présent paragraphe, encourra les peines applicables à la contrebande et aux fraudes prévues par la loi du 3 février 1894 sur les articles soumis à la régie.

Régie de la poudre des cartouches et du salpêtre. — Voici les principales dispositions de la loi du 3 février 1894 relatives à cette matière :

La poudre et les cartouches pour armes à feu ne pourront être fabriquées et importées que pour le compte de l'Etat;

Les cartouches vides pour fusils et les fulminates

pourront être importés et vendus par les particuliers, en payant les droits conformément au tarif des douanes.

Il ne peut être établi de fabrique de salpêtre sans autorisation de l'Administration des revenus des articles soumis à la régie. Tout le salpêtre fabriqué doit être remis mensuellement à cette Administration, qui paie ce produit au fabricant au prix fixé par sa Direction générale et approuvé par le Ministre des finances.

L'Administration des revenus établit des dépôts pour la vente de la poudre, des cartouches et du salpêtre dans les localités où elle le juge convenable, après avoir pris l'avis du Ministre de la guerre. Pour alimenter ces dépôts, le gouvernement importera les articles dont il s'agit de l'étranger, ou il les fera fabriquer pour son compte dans le pays. L'exécution de ces ordres est du ressort de la Direction générale de l'Administration des revenus.

L'autorisation d'établir un dépôt pour la vente des articles en question est délivrée par le Ministre de la guerre. Le vendeur doit disposer d'un emplacement convenable pour emmagasiner la poudre, sans danger d'incendie ou d'explosion. Il est obligé d'avoir des livres pour inscrire séparément les quantités reçues de chaque article de l'Administration des revenus, ainsi que les noms des personnes qui achètent plus d'une livre de poudre ou de salpêtre, ou plus de vingt-cinq cartouches.

Le prix de vente de la poudre et du salpêtre dans les dépôts de vente sera fixé par la Direction générale de l'Administration des revenus, après approbation par le Ministre des finances; le prix des cartouches sera indiqué sur la boîte qui les renferme, au moyen d'une étiquette collée sur le couvercle. Le vendeur reçoit 10 °/₀ sur les sommes encaissées, sans bonification pour les déchets.

Les fabricants de feux d'artifice pourront fabriquer la poudre non explosive à l'usage de leurs pièces, en achetant dans les dépôts de vente le salpêtre dont ils ont besoin. Ils ne peuvent pas vendre la poudre fabriquée. Ils sont obligés également de se munir de livres pour y inscrire les quantités de poudre explosive et de salpêtre achetées dans les dépôts de vente.

Les contrevenants aux dispositions qui précèdent

sont passibles des amendes prévues par la susdite loi du 3 février 1894.

Régie des boissons alcooliques. — La même loi du 3 février 1894 a prescrit les principales dispositions suivantes relativement à la fabrication et à la vente des boissons alcooliques :

Fabrication des eaux-de-vie. — La fabrication des eaux-de-vie et des liqueurs est exempte de tout impôt dans la République. Elle ne peut être pratiquée que dans les bâtiments spéciaux *(centralizaciones)* que le gouvernement a établis à cette fin. Les patentes délivrées par l'Administration des revenus des articles soumis à la régie, pour procéder à cette fabrication, ne sont valables que pour un mois.

Vente en gros des eaux-de-vie — Les ventes en gros des eaux-de-vie, c'est-à-dire les ventes de plus de vingt-quatre bouteilles, aux personnes porteurs de patentes, pour les revendre en détail, ne peuvent être opérées par les distillateurs ailleurs que dans les dépôts fiscaux.

Les distillateurs ou propriétaires d'eau-de-vie, en réalisant ces ventes en gros aux détaillants dans lesdits dépôts fiscaux, acquitteront l'impôt en vigueur sur chaque bouteille d'une capacité de 24 onces d'eau distillée et marquant 50 degrés de richesse alcoolique positive, à l'aréomètre de Gay-Lussac. (1)

Le degré de richesse alcoolique pourra dépasser 50 degrés, en payant l'impôt en proportion, mais il ne pourra jamais être moindre.

Les ventes dans les dépôts fiscaux peuvent seules se faire aux personnes porteurs de patente, pour procéder à la revente en détail.

Vente en détail des eaux-de-vie. — Vente en gros et en détail des liqueurs importées. — Cantines et Cabarets.— Les vendeurs d'eau-de-vie en détail et de liqueurs importées, en gros et en détail, payeront une taxe mensuelle. La direction générale de l'Administration des revenus fixera ces taxes pour chaque localité, selon son importance,

---

(1) Le décret n° 540 du 26 novembre 1897 a fixé l'impôt par bouteille d'eau-de-vie à 50 centavos.

mais elles pourront être augmentées ou diminuées conformément aux intérêts fiscaux.

On entend par vente en détail d'eau-de-vie celle qui ne dépasse pas vingt-quatre bouteilles. Dans les débits en question, il est défendu de vendre une plus forte quantité à une même personne.

La délivrance des patentes pour ouvrir un débit d'eau-de-vie et de liqueurs est du ressort de l'Administration des revenus du département correspondant. Ces documents doivent être renouvelés tous les mois.

Les débits peuvent rester ouverts de 6 heures du matin à 9 heures du soir; mais en payant une taxe mensuelle supplémentaire de 5 à 10 piastres par heure, supplément dont le chiffre entre ces limites sera arrêté par la Direction générale de l'Administration des revenus, selon l'importance de la localité, ils pourront rester ouverts après 9 heures du soir, à condition toutefois que l'Administration, par mesure d'ordre, ne juge pas à propos de refuser cette autorisation. D'ailleurs, les patentes ne seront délivrées que dans les localités sièges d'une municipalité et les villages où l'établissement de débits n'est pas de nature à porter atteinte au maintien de l'ordre public.

L'établissement de débits d'eau-de-vie et de liqueurs à moins de cent vares des fabriques ou des dépôts fiscaux est interdit. Il faut en outre qu'une rue sépare ces débits des fabriques ou des dépôts fiscaux.

Les porteurs de patente, moyennant une augmentation proportionnelle de la taxe payée, pourront, avec l'autorisation de l'Administration des revenus, établir des débits supplémentaires dans d'autres localités appartenant à la même juridiction, pendant la foire ou les fêtes nationales, mais seulement pour la durée de ces réjouissances publiques.

L'eau-de-vie du pays vendue par les porteurs de patente doit provenir directement des dépôts nationaux, les transports d'un débit à un autre étant interdits. Les quantités achetées dans les dépôts doivent être inscrites dans un livre spécial, conjointement avec le nom du vendeur.

Sans autorisation préalable de l'Administration des revenus, les débits ne peuvent être transportés d'une localité à une autre, ni les patentes transférées à une autre personne.

Liqueurs importées. — Les eaux-de-vie importées des républiques voisines paieront les droits d'entrée établis par le tarif des douanes pour les eaux-de-vie d'outre-mer, après réduction préalable de la liqueur à 50 degrés Gay-Lussac.

Après avoir acquitté les droits dans la douane la plus proche de la frontière, ces eaux-de-vie seront dirigées sur le dépôt fiscal le plus voisin du même département, où l'on procédera à la vérification des opérations pratiquées dans le bureau-frontière et où se fera la vente aux porteurs de patente, si l'article ne doit pas être envoyé avec un nouveau permis de circulation à un autre dépôt.

Fabrication et vente de Chicha (Boisson fermentée de Panela). — Le droit de fabriquer et de vendre cette boisson ne peut être acquis que par la voie d'adjudications publiques faites par la Direction générale de l'Administration des revenus des articles soumis à la régie, après avoir obtenu à cette fin l'autorisation du Ministre des finances. Ces adjudications se font pour un terme d'une année, dans le mois de novembre, par-devant notaire, après annonce préalable du nombre de débits, de la taxe mensuelle servant de base à l'adjudication de chacun d'eux, et des jours et lieux où les adjudications devront avoir lieu.

L'adjudication se fera au plus offrant. Cependant une nouvelle adjudication pourra avoir lieu dans les vingt-quatre heures si une surenchère d'au moins 16 % était faite sur le prix de la première adjudication.

Les adjudicataires sont obligés d'établir leurs débits dans les localités désignées dans les annonces d'adjudications et ne pourront augmenter le nombre de débits qui y est renseigné.

Le paiement des taxes doit se faire mensuellement, cinq jours avant leur échéance, et doit être garanti au moyen d'une caution, d'une hypothèque ou du dépôt de trois mensualités au moins, amortissable dans les derniers mois de l'année.

Au cas où il ne se présenterait pas d'offres acceptables, la Direction générale de l'Administration des revenus, après avoir pris les instructions du Ministre des finances, décidera s'il y a lieu d'abaisser la base d'enchère ou de ne pas faire d'adjudication. De même, quand dans un département tous les débits n'auront pas trouvé d'acquéreurs, les adjudications pourront être déclarées nulles, pourvu que cette déclaration ait lieu dans les cinq jours.

Est réputée *chicha*, toute boisson enivrante faite avec de la *panela* (espèce de sucre brun), qui contient au moins 6 % d'alcool.

La fabrication de boissons non enivrantes, faites avec de la *panela*, ne sera autorisée que pour des quantités ne dépassant pas seize bouteilles.

Fabrication de la Bière. — L'établissement d'une brasserie n'est sujet qu'à une demande d'autorisation faite par écrit, sur papier timbré, à l'Administration des revenus. Les patentes délivrées avec cet objet doivent être renouvelées tous les mois.

Dispositions diverses. — Dans les départements où le gouvernement ne possède pas de bâtiments spéciaux (*centralizaciones*) affectés à la distillation des eaux-de-vie, il sera accordé des licences pour établir ces fabriques, après qualification préalable de la capacité de production de l'appareil de distillation, à charge des intéressés de payer l'impôt sur le déficit constaté lors de la vente de l'eau-de-vie entre la quantité remise aux dépôts et la base de qualification de l'appareil.

L'eau-de-vie et l'alcool pourront être exportés, après que l'on aura obtenu à cette fin l'autorisation du Directeur général de l'Administration des revenus. L'exportateur, en retirant des dépôts fiscaux les quantités qu'il désire exporter, paiera l'impôt correspondant ou déposera une caution qui garantisse ce paiement; mais en présentant le connaissement d'embarquement, ou le permis de circulation du dernier bureau-frontière, si l'exportation se fait par terre, l'impôt ou la caution en tenant lieu lui sera restitué. Le délai concédé pour effectuer l'exportation ne pourra dépasser trente jours. Le répondant est responsable solidairement avec le débiteur.

La Direction générale de l'Administration des revenus, après approbation du Ministre des finances, installera les locaux de centralisation pour les fabriques d'eau-de-vie sur les points qu'elle jugera convenables. S'il n'y avait pas de bâtiment disponible, les personnes qui désireraient établir de nouvelles fabriques construiraient le bâtiment en question, à leurs frais et risques, à l'emplacement désigné à cet effet, en le soumettant aux instructions et à la surveillance de l'Administration.

Ne pourront être fabriqués des appareils de distillation ou des pièces utilisables à cette fin sans l'autorisation écrite de l'Administration, laquelle, pour accorder cette autorisation, devra connaître le nom de la personne qui a commandé l'appareil. Celui-ci, terminé, devra être déposé à l'Administration jusqu'à ce que l'intéressé obtienne le permis de fabrication.

Les appareils de distillation importés ne pourront être remis aux douanes sans connaissance préalable de l'administration qui le recevra en dépôt.

Des appareils ou pièces d'appareils de distillation ne pourront être transportés d'un lieu à un autre sans permis de l'Administration.

Les étrangers qui obtiendraient une licence pour fabriquer ou vendre de l'eau-de-vie ou des liqueurs, renoncent, par ce fait même, à toute réclamation par voie diplomatique contre les mesures prises par les Autorités ou les employés de l'Administration des revenus.

Les patentes pour distiller ou vendre de l'eau-de-vie ne pourront être transférées à une autre personne sans autorisation préalable de l'Administration. Seules, les personnes porteurs de patente ont qualité légale pour négocier avec la Direction ou l'Administration, et sous aucun prétexte les répondants ou les employés.

Les eaux-de-vie accusant moins de 50 degrés de richesse alcoolique Gay-Lussac, qui se trouveraient dans les dépôts, pourront, avec l'autorisation de l'Administration, être retournées aux fabriques pour y être concentrées.

L'autorisation d'établir des fabriques de térébenthine est également du ressort de l'Administration des revenus des articles soumis à la régie. Cette autorisation est accordée sous engagement de se conformer aux lois sur la fabrication des boissons alcooliques et moyennant le dépôt d'une caution ou garantie à fixer par l'Administration.

Les pharmaciens, en adressant une demande sur papier timbré à l'Administration, pourront acheter directement dans les dépôts nationaux l'alcool nécessaire à leurs établissements. Ils pourront, en outre, à part l'emploi de l'alcool pour la préparation des recettes médicales, vendre ce produit au public en quantité pas inférieure à un quart de bouteille ni supérieure à douze bouteilles, à condition toutefois que la richesse alcoolique atteigne au moins 75 degrés Gay-Lussac.

Les pharmaciens qui vendraient dans leurs établissements des boissons enivrantes préparées avec de l'alcool et qui ne pourraient être considérées comme médecine, seront regardés comme fraudeurs, et la peine que la présente loi établit contre ceux qui vendraient de l'eau-de-vie ou des liqueurs sans être porteurs de patente leur sera applicable.

Industrie. — Le Guatemala n'est pas encore, assurément un pays industriel, malgré qu'il se soit implanté depuis plusieurs années un certain nombre d'industries et qu'il possède tous les éléments voulus pour leur développement.

Le motif est facile à expliquer. C'est que depuis de longues années déjà tous les efforts ont été principalement dirigés vers la culture du caféier. Toutes les familles plus ou moins aisées ont leur *finca* (propriété rurale) grande ou petite, où ce précieux arbuste constitue la principale et souvent unique exploitation. Le café fait l'objet de toutes les conversations ; son prix, sa récolte, la perspective du développement de son usage sont discutés partout et par tous. Dans ces conditions, on ne doit pas s'étonner que l'industrie manufacturière se trouve encore dans ce pays dans un état pour ainsi dire embryonnaire.

Les causes de la situation précaire de l'industrie guatemalienne remontent, pour ainsi dire, à l'époque coloniale. Le système économique de la métropole, dans ses relations avec la Nouvelle-Espagne, consistait à favoriser l'écoulement de ses produits naturels et industriels en empêchant, ou tout au moins en limitant, la production des articles qu'elle-même devait fournir.

Sur ce fait même, ni l'industrie des filatures et tissus, ni celles des meubles, des objets en métal et objets de luxe et beaucoup d'autres encore ne trouvèrent aucun encouragement durant la période coloniale.

A l'exception des toiles et tissus faits à la main, des tissus de palme, de la poterie primitive, du meuble ordinaire et de quelques autres industries modestes et en quelque sorte domestiques, seule l'indus-

trie métallurgique prospérait, autant que le lui per-
mettaient les moyens précaires dont elle disposait.
Si à cela on ajoute les difficultés de communication,
le manque que l'on croyait absolu de combustibles
minéraux, les guerres qui plus tard ont éclaté, enfin,
l'insécurité publique et privée, l'on aura un tableau
complet des causes de la décadence industrielle d'un
pays susceptible de posséder et de soutenir une
industrie colossale. Le Guatemala, ayant recouvré
son indépendance, quelques-unes de ces barrières
disparurent, tandis que d'autres subsistaient. Aussi,
en 1877, l'industrie nationale, qui embrassait déjà
de nouvelles branches importantes, se trouvait-elle
encore dans une situation vraiment précaire.

Plus tard, grâce à l'établissement d'une paix so-
lide, aux encouragements que le gouvernement lui
prodigua, grâce aussi à la dépréciation du métal
argent et à la politique ultra-protectionniste de
quelques pays qui travaillent les matières premières,
l'industrie guatemalienne semble vouloir sortir du
marasme dans lequel elle se trouvait plongée.

Aux franchises octroyées par le gouvernement est
due la fondation de la filature de Quezaltenango,

dotée de tous les perfectionnements modernes et pouvant donner un rendement qu'auparavant on n'aurait osé espérer.

La législation commerciale et industrielle du Guatemala consacre le principe de la liberté, mais la loi, en ce qui concerne les régies du tabac, de la poudre, du salpêtre et des cartouches et des boissons alcooliques, restreint certaines industries en faveur de l'État et en réglemente d'autres, soit parce qu'elle les considère comme un service administratif, soit pour convertir leur exercice en un revenu, soit en vue de la sécurité publique et de la bonne foi.

Le décret n° 334 du 4 mars 1896 exempte pour un terme de dix années des impôts fiscaux et municipaux les fabriques de cables, d'agrès et de tissus qui utilisent uniquement la fibre de l'agave, du chanvre, du henequen, du lin, de la ramie et du coton produits dans le pays. Pour ce même laps de temps, ledit décret a déclaré libre de droits d'entrée les machines importées pour l'élaboration des produits indiqués.

Les effets étrangers devenant plus coûteux par suite de la baisse de l'argent, l'initiative privée commence à fonder des fabriques de filatures de tissus assez importantes, des fabriques de verres et de poteries, de meubles et encore bien d'autres, toutes florissantes.

Les manufactures ont pris dans le pays un certain développement, en particulier celles des tissus pour châles, indiennes, calicots et draps, celles des produits de la canne à sucre, de l'alcool, du papier, des cigares et des cigarettes.

La baisse de l'argent entre comme facteur principal dans le développement de ces industries. Elle a contribué à amoindrir l'importation étrangère et à augmenter la production nationale, mais elle n'en est pas la seule cause : la sage, juste et habile administration du président Estrada y a aussi beaucoup contribué ; la confiance que le peuple guatémalien, comme les étrangers, ont en la stabilité du gouvernement, la construction de chemins de fer, les travaux d'amélioration des ports et la générosité du gouvernement à l'égard des entreprises nouvelles, en un mot, l'empire de la loi et de la paix et la puissante influence du commerce ont participé à l'obtention de cet heureux résultat.

Depuis que le change entre le Guatemala et les pays étrangers a subi une variation défavorable et que les droits protectionnistes ont frappé tous les effets de grande consommation du pays, tels que : châles, tapis, linge de corps, chapeaux et autres, ceux-ci commencent à être fabriqués dans la République même. Le peuple guatémalien, grâce à son intelligence et à son activité, a su tirer parti des circonstances adverses. Avec une rapidité vraiment merveilleuse pour un pays comme le Guatemala, de grandes fabriques se sont établies qui travaillent toutes sortes d'articles : les machines employées sont des plus modernes et peuvent se comparer à celles adoptées en tout autre pays. Quelques tissus faits au Guatemala excellent sous le rapport de la trame, du tissage et du fini.

La consommation aussi en est beaucoup plus considérable qu'autrefois.

Ajoutons que le fabricant du Guatemala bénéficie d'une main d'œuvre peu onéreuse, qu'il emploie comme force motrice l'eau, qui abonde partout, même à proximité des chemins de fer qui traversent diverses régions du pays.

Les ouvriers encore inexpérimentés sont dirigés par des ingénieurs étrangers qui réussissent sans trop de difficulté à leur faire exécuter les travaux les plus délicats.

Pour les raisons déjà mentionnées, des manufactures ne tarderont pas à s'établir dans tous les Etats d'accès facile. Leurs produits s'amélioreront chaque jour et pourront être vendus à des prix qui exclueront des marchés de la République bon nombre d'articles ordinaires.

Le gouvernement s'est efforcé d'encourager les industries qui cherchaient à s'établir.

C'est ainsi que s'implantèrent des manufactures de jute destinées à fabriquer des toiles, sacs et autres articles dans lesquels cette fibre est utilisée. Entre autres franchises, pour une seule fois et pour chaque fabrique, les matériaux de construction, les machines et les autres effets nécessaires à leur installation étaient exempts de droits d'importation.

Le Guatemala offre à l'industrie quatre éléments principaux, ce sont :

1º Le bon marché des journées de salaire,

payable en monnaie d'argent, et même de papier, monnaie courante du pays ;

2º Les nombreuses chutes d'eau ou sources qui donnent une force motrice des plus économiques ;

3º La matière première, produite par le pays ;

4º La protection accordée soit par le tarif des douanes, soit par les lois spéciales, ou bien encore par l'avilissement du cours de l'argent.

En ce qui concerne la protection accordée par les lois, voici le texte d'une loi qui a été promulguée le 2 mai 1898 :

Exemption des droits d'entrée en faveur des machines et des outils nécessaires à l'élaboration des matières premières des tissus de coton et de laine, ainsi qu'en faveur des courroies, graisses, pièces de rechange et de tous les articles indispensables à l'entretien et à la conservation de l'outillage. Les matières premières et les articles manufacturés importés toutefois acquitteront les droits conformément au tarif des douanes, à l'exception du coton étranger, dans le cas où les récoltes dans la République ne fourniraient pas une quantité suffisante de cette matière. En plus des facilités précédentes, exemption du paiement des impôts fiscaux et municipaux sur les bâtiments et annexes de la fabrique, ainsi que libération du service militaire en temps de paix en faveur des employés douaniers de l'établissement.

L'ouvrier guatémalien joint à l'habileté beaucoup de patience; doué remarquablement du don d'imitation, son apprentissage est rapide et son travail excellent; se contentant d'un salaire point suffisant pour le travailleur européen (ses besoins étant moindres), il établit un avantage pour le fabricant et un désavantage pour le pays.

Pour le travail de fabrique, il est possible que l'ouvrier indigène puisse rivaliser avec son collègue d'Europe; inférieur à ce dernier dans les travaux des champs (son activité étant moindre), il se dépense moins, et, par conséquent, produit un travail moindre.

L'une des pierres d'achoppement pour l'industrie dans ce pays est la rareté du combustible, car le bois à brûler, le combustible le plus employé, commence à manquer et à enchérir. Cependant, il y a de nombreux gisements de charbon de terre, mais peu sont en exploitation, soit par le manque d'épaisseur des couches, soit pour d'autres motifs. En revanche, il existe une immense force motrice hydraulique, dont, aujourd'hui, une faible partie est seulement utilisée.

Le petit nombre des rivières navigables constitue un autre obstacle pour les transports.

Sans nul doute, ce manque de moyens de navigation pourrait disparaître par la construction de canaux, permettant l'écoulement des eaux provenant des dépôts existant sur plusieurs points de la République ; de cette façon, à divers intervalles et suivant les saisons, l'on serait à même, en élevant leur niveau, de donner constamment aux rivières et aux canaux la profondeur nécessaire pour les rendre navigables.

Grâce à des travaux de plus ou moins d'importance, beaucoup d'autres rivières pourraient être utilisées, et quand le Guatemala possèdera un service fluvial bien compris, les conditions du commerce intérieur s'amélioreront sensiblement.

Législation industrielle. — L'article 20 de de la Constitution stipule que l'industrie est libre.

L'auteur ou l'inventeur jouit de la propriété de son ouvrage ou de son invention pour un laps de temps qui ne peut dépasser quinze ans, sauf pour la propriété littéraire qui est perpétuelle.

Le Pouvoir exécutif pourra accorder des concessions pour un délai qui ne dépasse pas dix ans à ceux qui introduisent ou établissent des industries nouvelles dans la République.

Loi sur les brevets d'invention et de perfectionnement. — Article 1er. — Toute découverte ou invention dans quelque genre d'industrie que ce soit donne à son auteur le droit exclusif pour profiter de son invention ou perfectionnement pour le temps et dans les conditions établies par la loi.

Article 2. — Tout guatemalien ou étranger domicilié au Guatémala, qui invente ou perfectionne une machine, un instrument ou appareil mécanique, un produit manufacturé quelconque ou un procédé utile applicable aux sciences ou aux arts, pourra obtenir de l'Exécutif un brevet d'invention ou de perfectionnement, qui lui assure, pour une période de cinq à quinze ans, la propriété de son invention ou de son perfectionnement.

Article 3. — Pour obtenir un brevet, l'intéressé s'adressera au ministère de Fomento, en personne ou par un fondé de pouvoirs, déclarant son invention ou perfectionnement, l'expliquant d'une façon claire et en sollicitant le privilège.

Article 4. — Lorsque le brevet est accordé, le breveté contracte l'obligation de présenter dans un délai de quarante jours une reproduction exacte de la machine ou appareil mécanique ou une description détaillée du procédé nouveau, en y adjoignant un échantillon du produit, si c'est possible, et si la conservation est possible il sera déposé dans le conservatoire afin qu'il puisse servir de preuve au cas où il se produirait des contestations sur le brevet.

Article 5. — Peuvent obtenir des brevets ceux qui en ont obtenu dans d'autres pays, quand leur invention n'est pas du domaine public et s'il existait à ce sujet des conventions entre le gouvernement du pays dont ils proviennent et celui du Guatemala.

Ces brevets deviendront nuls à l'époque indiquée

sur les brevets étrangers ; mais si leur période était supérieure à quinze années, la concession ne pourra excéder ce délai.

Article 6. — Le privilège concédé sera enregistré sur un livre spécial tenu par le ministère de Fomento.

Article 7. — Le brevet concédé portera l'arrêté de la concession. L'arrêté mentionnera la présente loi, l'invention ou le perfectionnement sur lesquels il repose, le délai de validité et la déclaration de possession du brevet, et devra porter le sceau du ministère de Fomento.

Article 8. — L'Exécutif, en concédant un brevet, ne déclare pas que la découverte ou l'invention soit de la propriété de celui qui apparaît comme inventeur ou auteur, pas plus qu'il n'en garantit la véracité et l'utilité. C'est à l'intéressé qu'incombe le soin de le prouver.

Article 9. — Toute demande de brevet sera publiée quatre fois pendant un mois dans le *Journal Officiel;* les brevets concédés se publieront au moins deux fois dans le même journal.

Article 10. — Les brevets cessent d'être valables

en dehors du cas prévu par l'article 4, dans les cas suivants :

1º Quand ils auront été accordés au préjudice de droits de tiers, selon un jugement du tribunal compétent;

2º Passé le délai d'une année, sans que l'industrie faisant objet du brevet ait été mise en exploitation;

3º Lorsqu'après un commencement d'exploitation, celle-ci est abandonnée pendant plus d'un an.

4º Quand les produits obtenus sont inférieurs aux échantillons présentés, par suite d'altérations qui en auraient été faites.

Article 11. — Il ne sera pas concédé de brevets dans les cas suivants :

1º Quand l'invention ou le perfectionnement est contraire aux droits antérieurs, à la salubrité, à la sécurité publique, à la morale et aux bonnes mœurs;

2º Quand les formalités établies par la loi n'auront pas été remplies.

Article 12. — Le brevet concédé s'applique uniquement au procédé ou aux moyens d'exécution et de production et non aux produits qui, fabriqués par un autre système, peuvent être librement élaborés et vendus.

Article 13. — Toute personne a le droit de perfectionner l'invention d'une autre ; mais non pas d'utiliser l'invention principale sans s'entendre avec l'inventeur; de même que l'inventeur ne pourra non plus user des perfectionnements ou améliorations faites par un autre sans s'entendre avec celui-ci.

Article 14. — L'obtention d'un brevet ouvre en faveur du Trésor national un droit de cinq à cinquante piastres par année de privilège, que l'inventeur paiera par annuité et à l'avance.

Article 15. — Une fois la durée de validité fixée dans le brevet expirée, les descriptions en seront faites, des copies seront délivrées des dessins et des modèles, aux frais du demandeur, et le brevet tombera dès lors dans le domaine public.

Article 16. — Les délits de falsification, imitation, etc., des articles brevetés seront punis selon la forme prescrite par le Code pénal.

Article 17. — Le Pouvoir exécutif peut faire certaines concessions en faveur d'entreprises d'utilité publique qui s'établissent dans le pays, ou en faveur de particuliers qui ont pour objet l'établissement d'industries nouvelles ou l'amélioration de celles déjà existantes.

Article 18. — Ces concessions peuvent être : l'exemption ou la diminution du paiement des droits fiscaux pour l'introduction de la machinerie ou du matériel ; la prestation gratuite d'édifices ou de terrains nationaux, pendant le temps de la concession ; l'exemption du service militaire pour les ouvriers employés dans l'industrie à laquelle se réfère la concession ; des subventions ou prix en espèces quand la situation du budget le permet.

Dans le cas de libération ou de diminution des droits, pour obtenir l'entrée des marchandises, les Chefs ou Administrateurs des entreprises privilégiées doivent présenter à la douane respective une demande satisfaisant aux points suivants :

1º Que l'entreprise soit bien comprise parmi celles bénéficiant de la concession ;

2º Que les qualités des articles dont l'entrée est demandée ne soit pas supérieure aux besoins ou aux conditions de la même entreprise ;

3º Indiquer le nom du navire qui doit apporter les marchandises, ainsi que le nombre et les marques des colis ;

4º Une minute des marchandises existantes dans les magasins ou entrepôts, et introduites antérieurement.

Les fonctionnaires chargés du dédouanement de ces marchandises adopteront les précautions nécessaires pour s'assurer de la conformité de ce qu'exprime la demande, et ils pourront suspendre la remise au cas où ils constateraient une fraude.

Si l'entreprise bénéficiaire de l'exemption des droits cessait soit par suite de l'expiration du délai de concession, soit pour toute autre cause, elle devra présenter à la douane respective une copie de l'inventaire des articles existant et appartenant à l'entreprise. Si ces articles devaient se destiner à la consommation ou à l'usage d'un tiers, elle sera obligée d'acquitter les droits correspondants.

Article 19. — La personne qui désire obtenir une concession pour l'établissement d'une entreprise d'utilité publique ou l'introduction ou le perfectionnement d'une industrie particulière, doit se présenter au Ministère de Fomento et exposer les conditions de l'entreprise ou de l'industrie ou du perfectionnement qu'elle veut implanter.

Le Ministère transmettra la demande au Conseil d'Etat, en y joignant le rapport de deux ou plusieurs experts.

Si le rapport du Conseil d'Etat est favorable, la concession est accordée, mais elle reste néanmoins soumise à l'approbation de l'Assemblée à laquelle il en sera donné compte, lors de la session ordinaire la plus proche. Le privilégié pourra commencer à profiter de la concession dès qu'elle lui aura été accordée; mais au cas où elle n'aurait pas été approuvée par l'Assemblée, il n'aura droit à aucune indemnisation.

Toute demande de concession se publiera quatre fois, dans le délai d'un mois, au *Journal Officiel*, avant de passer à l'examen du Conseil d'Etat, afin que ceux dont des intérêts seraient lésés puissent se présenter au Ministère.

Article 20. — Il ne pourra pas être accordé de concessions particulières pour l'introduction de machines d'un usage domestique et d'autres objets d'un commerce courant.

Article 21. — L'exemption faite en faveur d'une entreprise déterminée deviendra nulle s'il est découvert que celle-ci fait le commerce des matières premières ou articles introduits.

Article 22. — Dans le cas prévu par l'article antérieur, en outre de la perte de la concession, l'entreprise paiera les droits correspondant à toutes les importations faites antérieurement et le 40 % sur le montant total.

Article 23. — Les concessions deviendront également nulles dans les cas suivants :

1º Quand sera échu le délai dans lequel l'entreprise s'est engagée à implanter l'industrie ou à l'améliorer ou à commencer les travaux pour la mettre en pratique.

2º Si, après avoir fonctionné, elle est abandonnée pendant plus d'un an.

Article 24. — Sont abrogés les articles 436 et 437 du chapitre II, titre X, Code fiscal, livre 1er.

Loi sur les marques de fabrique, de commerce ou industrielles. — La loi qui régit cette matière a été promulguée à la date du 13 mai 1899.

Elle contient les dispositions principales suivantes :

Sont réputées marques de fabrique, de commerce ou industrielles, les dénominations des objets ou les noms des personnes, sous une forme spéciale; les emblèmes, monogrammes, gravures ou imprimés; les cachets, vignettes ou reliefs; les lettres et nombres, avec un dessin spécial; les contenants ou empaquetages des objets, et tout autre signe par lequel on distingue les produits d'une fabrique ou les articles d'un commerce.

L'enregistrement d'une marque de fabrique a pour effet de concéder au propriétaire exclusivement le droit d'apposer cette marque sur les contenants ou empaquetages des marchandises, ainsi que celui de l'imprimer dans ses annonces, prospectus, lettres commerciales et autres documents analogues.

Ne seront pas considérées comme marque de fabrique, de commerce ou industrielles :

1° Les lettres, mots, noms ou caractères distinctifs qu'emploie ou doit employer l'État;

2° La forme donnée au produit par le fabricant;

3° La couleur des produits;

4° Les termes ou locutions passés dans le langage courant ;

5° Les désignations usuellement employées pour indiquer la nature des produits ou la classe à laquelle ils appartiennent ;

6° Les dessins ou expressions contraires à la morale.

La propriété d'une marque passe aux héritiers et peut être transférée par contrat ou par disposition de dernière volonté, toutes les fois qu'elle a été dûment enregistrée. La cession ou vente d'un établissement comprend celle de la marque, sauf stipulation contraire.

La protection des droits du fabricant, commerçant ou industriel, en ce qui concerne l'usage exclusif de la marque, durera seulement dix années, prorogeables cependant pour de nouveaux termes d'égale durée en remplissant de nouveau les formalités prescrites par la présente loi.

Si une marque contenait une contre-marque et si les intéressés désiraient s'y référer d'une manière réservée, ils le consigneront dans un pli fermé et cacheté à la cire, que le juge compétent seul pourra ouvrir en cas de litige ou d'accusation criminelle.

La demande de propriété d'une marque sera publiée pendant un mois dans le journal officiel et passera ensuite pour information au bureau des marques. Si aucune opposition n'a été formulée et le rapport n'étant pas défavorable, l'enregistrement de la marque sera décrété.

Toutes les questions contentieuses entre des particuliers sur le droit à l'emploi d'une marque, sa falsification ou son imitation, sont de la compétence exclusive des tribunaux.

L'enregistrement et la certification d'une marque, quelle que soit sa provenance, sont sujets à un droit de 30 piastres; l'enregistrement et la certification de transfert, à un droit de 15 piastres. Les extraits d'acte de certification qui pourraient être demandés dans la suite se paieront à raison de 5 piastres, en dehors de la valeur du timbre.

L'enregistrement des marques ne comporte aucune responsabilité pour le gouvernement. Ceux qui s'estimeront lésés par des tiers ne pourront faire valoir leurs droits que devant les tribunaux.

Les fabriques de pays avec lesquels la République a conclu des conventions sur la matière pourront faire enregistrer leurs marques, en fournissant la preuve de l'enregistrement de la marque dans le pays d'origine. Les deux documents devront être traduits et légalisés. Pour que dans ce cas la marque jouisse des garanties accordées par la présente loi, l'enregistrement doit se faire conformément à la convention existante. Les propriétaires de la marque, ou leurs agents dûment autorisés pourront seuls présenter la demande d'enregistrement.

Les marques de fabrique étrangères, pour être enregistrées au Guatemala, sont donc sujettes à toutes les formalités prescrites par la loi pour les marques indigènes. La preuve à fournir de l'enregistrement de la marque dans le pays d'origine est une disposition entièrement en faveur du propriétaire de la marque. Elle tend en effet à augmenter le crédit de celle-ci et la garantit contre l'usurpation.

Agriculture. — Le climat du territoire guatemalien présente des températures variant depuis un froid relatif jusqu'à une chaleur torride; c'est grâce à cette circonstance que le sol du Guatemala produit en abondance toutes les espèces végétales de l'Europe et celles des terres tropicales. C'est donc là un immense avantage que le pays offre à la colonisation.

Les forêts du Guatemala sont de véritables sources de richesses dont on peut se rendre possesseur sans beaucoup de peine.

La fertilité des terres, la prodigalité avec laquelle elles rendent les semences qu'on leur confie, ont retardé au Guatemala le développement de l'agriculture, parce que le cultivateur n'a pas senti l'urgente nécessité de leur faire produire davantage en abandonnant la routine et en introduisant l'usage des machines et l'application des méthodes de culture modernes, basées sur les données de la science.

La grande superficie dont disposent les agriculteurs a fait conserver la pratique du système de la culture extensive qui consiste à abattre un bois, de brûler de suite, ensemencer le terrain sans faire usage de la charrue et, après avoir récolté une fois, à laisser à la végétation spontanée le soin de restituer à la terre les éléments de fertilité perdus. L'année suivante, la culture s'effectue à un autre endroit en opérant de la même manière.

Ce système de cultures alternatives et non simultanées restreint l'étendue des terres productives en en paralysant une grande partie ; il grève en outre la culture de frais de défrichement toujours nouveaux.

D'autres causes contribuent directement à conserver l'état de stagnation dans lequel se trouve l'agriculture au Guatemala, la première est la pénurie de main-d'œuvre,

La presque totalité des habitants appartient à la classe indigène ; or, l'Indien produit peu et consomme moins encore. Avec deux ou trois jours de travail par semaine ou avec deux ou trois heures de travail par jour, l'Indien, dans ce pays où la terre produit 100 p. 1, suffit sans peine à ses besoins, presque nuls.

Pourquoi irait-il chercher du travail chez des cultivateurs ou planteurs, puisque le profit qu'il retire des lambeaux de terre qu'il cultive lui-même et qui lui appartiennent en propre, joint à la liberté dont il jouit, lui semble préférable au minime salaire que lui offrent les propriétaires ?

Une autre cause du faible développement de l'agriculture est la persistance avec laquelle les Guatemaliens conservent les coutumes et les traditions de leurs ancêtres.

Ils sèment encore le grain avec la traditionnelle massue et transportent encore la récolte à dos d'homme; c'est dire que l'usage de la charrue et des wagonnets porteurs circulant sur rails portatifs leur est absolument inconnu.

Les produits qu'ils obtiennent sont d'ailleurs loin d'avoir la même valeur que ceux provenant de pays où les procédés de culture moderne sont appliqués. Il est bien reconnu que la valeur et le produit de la terre sont en raison directe de l'activité et de l'instruction de celui qui l'exploite.

La plupart des agriculteurs guatemaliens auraient besoin d'être instruits et initiés à la profession à laquelle ils se consacrent.

Ceux qui savent analyser un terrain pour déterminer les plantations susceptibles d'y convenir sont en effet bien rares; la plupart ne connaissent pas le principe de la rotation qui permet de profiter d'une même terre pour récolter d'une façon continue des produits divers ; ils ignorent l'existence des machines et, enfin, ils ne tiennent aucune comptabilité agricole qui leur permettrait de pouvoir apprécier avec clarté les frais et rendement de chaque culture en particulier et d'en déduire qu'elles sont les plus productives et les plus avantageuses.

Ce qui est encore plus grave, c'est leur ignorance des lois physiologiques, qui les fait travailler contre leurs propres intérêts, par exemple en soumettant les *peones* qu'ils emploient à un régime de travail et d'alimentation qui débilite leurs forces et qui les rend encore plus indolents qu'ils le sont déjà naturellement.

N'ayant pas assez de capitaux pour employer suffisamment de travailleurs, pour acquérir les outils et machines indispensables à la production, les agriculteurs guatémaliens ne peuvent obtenir que des effets incomplets et imparfaits.

Ce que les colons français peuvent donc faire dans ce pays, c'est d'aller exploiter ces immenses richesses agricoles, mais à la condition d'avoir des capitaux suffisants, d'être parfaitement initiés aux cultures du pays et de bien se pénétrer de l'idée que le climat leur défend de travailler eux-mêmes dans les champs.

Les Américains ont mieux compris que nous cette situation, et ce sont des milliers d'hectares de terres que de fortes Sociétés anonymes achètent et font produire par des colons intelligents.

Maïs. — Le maïs est la plante nationale par excellence ; bêtes et gens s'en nourrissent également.

Il est récolté partout sans distinction de zones ; c'est la céréale que l'on trouve le plus abondamment.

Le peuple guatemalien a coutume en effet de manger, en guise de pain, une sorte de galette fabriquée avec du maïs grillé et moulu dans chaque maison : la *tortilla*. La majeure partie de la classe indienne et même métis n'a jamais mangé autre que la *tortilla*, accompagnée parfois de haricots (frijoles) qui sont le complément obligé de tous les repas. La *tortilla* est soit assaisonnée de piment, de sel ou d'autres épices, soit mangée seule.

Le blé se récolte aussi au Guatemala, mais, ainsi que pour le maïs, les méthodes de culture employées sont si défectueuses, la qualité des terres qui les produisent si médiocre que les cultivateurs affirment que le prix de revient de ces deux céréales est très élevé et que d'autres cultures sont plus rémunératrices.

Toutefois le blé et le maïs, malgré leurs hauts prix, sont de vente facile, puisqu'ils sont les éléments indispensables de l'alimentation des habitants de ce pays.

La culture du blé et du maïs se développera tout naturellement au Guatemala, mais on ne saurait encourager les émigrants à cultiver ces céréales, car ils ne pourraient pas lutter avec les indigènes, qui s'en tirent déjà avec peine.

Des industriels américains travaillent à la fabrication de savon de maïs qui peut entrer en concurrence avec le savon de glycérine. De même l'huile de coton se trouve remplacée avantageusement par l'huile de maïs à l'état raffiné et à l'état brut; cette huile est employée pour les vernis.

Les tiges sèches du maïs, qui sont tant dépréciées au Guatemala comme au Mexique, acquièrent en ce moment une plus-value par suite des achats faits par les Américains dans le but d'en extraire de la cellulose. Ils les paient 25 fr. la tonne. L'industrie en retire de la cellulose liquide pour la fabrication de certains vernis, des poudres et explosifs, de papiers.

100 kilogrammes de tiges dépouillées de leurs feuilles et de leurs épis représentent 26 kilogrammes de moelle et 54 kilogrammes d'écorce. Les nœuds contiennent 30 p. 100 de cellulose pure, la moelle 33 p. 100 et l'écorce 40 p. 100.

En 1903, la production totale du maïs fut de 1.682.182 quintaux (1). Le département de « El Quiché » en a fourni à lui seul 261.643 quintaux.

Haricots. — Le haricot est l'objet d'une assez grande culture au Guatemala ; la variété la plus commune est la noire. Sa culture est des plus simples et donne un bénéfice de 50 à 60 p. 100 à celui qui l'entreprend.

En 1903, la production du *frijol* ou haricot noir a été de 141.000 quintaux.

Riz. — Le riz est un des aliments le plus impor-

----

(1) *La piastre vaut 0 fr. 40.*

tant des Guatemaliens ; on le trouve sur presque toutes les tables et dans toutes les classes sociales, mais il est plus spécialement en usage dans les classes pauvres, et pourtant la production en riz du Guatemala n'a atteint en 1903 que 10.000 quintaux.

Il existe cependant d'énormes étendues de terres qui restent couvertes d'eau pendant plusieurs mois de l'année, par suite des débordements des rivières, et qui seraient propres à la culture du riz.

Pour le riz, la nature rend au cultivateur le 300 p. 1 de la semence déposée.

L'unique obstacle à l'extension de cette culture est la cherté de l'opération du décorticage, car elle se fait encore presque partout au moyen de mortiers à bras.

C'est là encore un important débouché pour nos fabricants de machines agricoles, qui devraient solliciter des ordres et au besoin introduire des machines, et en montrer l'application pratique de façon à convaincre les indigènes de l'économie qui résulterait pour eux de leur emploi.

Café. — Le café constitue la principale richesse du Guatemala.

En 1904, la production totale en a été de 811.807 quintaux, qui représentent une valeur de 201.383.551 piastres (1).

Le tableau suivant donnera une idée exacte de l'importance de cette branche agricole.

DÉPARTEMENTS	Propriétaires	Etendue cultivée — Hectares	Nombre d'arbres	Personnel employé
Guatemala	82	387	687.000	458
Sacatepéquez	123	430	2.615.000	2.000
Amatitlan.	68	1.480	9.725.000	2.351
Escuintla	47	6.966	5.305.000	2.225
Chimaltenango	74	3.784	20.526.000	4.006
Solola.	108	14.506	14.291.000	3.787
Quezaltenango	171	6.235	44.924.000	14.912
Retalhuleu.	35	32.164	3.832.000	2.132
San Marcos	68	2.709	14.276.000	9.126
Huehuetenango	36	10.191	97.000	106
Quiché	9	45	343.000	230
Alta Verapaz.	192	215	8.853.000	3.783
Baja Verapaz.	46	6.235	648.000	608
Péten	17	430	97.000	106
Izabal . . . . . . : . .	40	172	248.000	317
Zacapa	41	401	577.000	458
Chiquimula	70	242	408.000	292
Jalapa.	25	62	126.000	59
Jutiapa.	23	45	177.000	71
Totaux.	1.275	86.699	127.755.000	47.027

(1) Le *quintal* équivaut à 46 kgr. 02.

Suchitepéquez et San Narcos, deux départements au sud-ouest de la République, produisent de loin les plus fortes quantités (131.000 quintaux pour le premier et 105.800 pour le second), mais on peut dire que tous les départements, les uns plus, les autres moins, possèdent une certaine étendue de terrains consacrés à la culture du café.

La forte baisse que le café a subie dans ces dernières années sur les différents marchés est, sinon l'unique, du moins la principale cause de la crise si aiguë qui afflige actuellement la République.

Bananes. — Le bananier croît parfaitement dans tous les Etats tropicaux, et de préférence au bord des cours d'eaux.

Un an après avoir été planté, l'arbre donne des fruits et chaque plant donne une grappe qui contient de 100 à 200 fruits (bananes).

Les grappes pèsent de 15 à 50 kilogrammes, le poids de chaque banane varie entre 50 et 250 grammes.

Il existe certaines variétés de bananiers dont les fruits atteignent une longueur de 30 à 35 centimètres.

Dans d'autres, ils ont seulement 6 centimètres de long (guineos).

La culture de la plante est des plus simples ; on sème les *hijos* ou rejetons et on ne s'en occupe plus pendant environ seize mois, époque à laquelle on est certain de trouver une grappe à chaque arbuste.

Après la production, les plantes meurent, mais chacune d'elles laisse de nombreux rejetons qui, à leur tour, fructifient et se multiplient à l'infini.

On a calculé qu'un terrain de 500 mètres carrés peut produire 2.000 kilogrammes de bananes ; ce même terrain ne produirait que 143 kilogrammes de pommes de terre ou seulement 15 kilogrammes de blé.

Une plantation de 1.000 « hijos », au bout de deux ans contient 3.000 plants en état de production ; au bout de quatre ans, le chiffre s'élèverait à 5.000.

La récolte dure toute l'année, la germination du rejeton étant continue ; il en résulte que ce n'est pas la saison de l'année, mais l'âge de la plante qui détermine la fructification.

Les bananes sont l'objet d'une demande croissante

de la part des Etats-Unis, où il est possible de les envoyer fraîches.

En 1903, le Guatemala a produit 650.000 régimes de bananes. Le département d'Izabal a produit à lui seul 370.970 régimes de bananes d'exportation et 28.000 régimes de bananes pour la consommation locale.

On a, à plusieurs reprises, fabriqué de la farine de banane aux Etats-Unis et à Cuba. A la dernière Exposition de Chicago, ce produit attira l'attention de quelques industriels et l'on discuta vivement l'opportunité d'en fabriquer de grandes quantités.

La farine de bananes est un aliment excessivement nutritif.

A l'analyse, elle a donné les résultats suivants :

Humidité	13.60 p. 100
Amidon	74.80
Huile	5.30
Matières azotées	2.70
Fibres et cellulose	1.40
Cendres	2.20
Total	100.00

Sa composition est donc en quelque sorte analogue

à celle des céréales ; ces dernières sont plus riches pourtant en matières azotées.

Par contre, l'amidon de banane est de beaucoup supérieur aux amidons de céréales.

On estime qu'un âcre de bananes produit une moyenne de 2.300 livres de farine, qui pourrait très probablement se vendre 8 cents or la livre à Londres.

Voici quelle serait, d'après un fabricant de la Jamaïque, la meilleure manière de préparer la farine de banane :

1o Les fruits doivent être près de leur maturité quand on les cueille et employés fraîchement cueillis ;

2o Il faut peler les fruits avec des couteaux d'argent, d'ivoire ou de nickel (l'acier produit une décoloration) et les jeter dans un baquet rempli d'eau de pluie ;

3o On coupe ensuite les bananes en petites tranches que l'on étend sur des claies ;

3o On procède à la mouture, d'ordinaire, avec un simple moulin à blé.

Plus ces diverses opérations sont faites rapidement, et meilleur est le résultat.

En se servant de machines, la farine de bananes

peut être mise en baril six heures après la cueillette des fruits.

Le capital nécessaire pour établir une fabrique de cette farine est d'environ 50.000 fr.

Caoutchouc. — Jusqu'à présent, l'exploitation du caoutchouc a consisté, au Guatemala, dans l'extraction de la gomme. Les Indiens recueillent le latex d'une façon tout à fait primitive dans les forêts, où ils trouvent les arbres qui la produisent. Mais les plantes mêmes n'ont pas été jusqu'ici cultivées, ni l'extraction soumise à un technique quelconque.

Les Indiens piquent les arbres comme ils l'entendent, recueillent la sève dans le creux d'un morceau d'écorce ou dans un pot, la font bouillir, et le caoutchouc réduit en boules est porté au marché. Le caoutchouc guatemalien mérite, néanmoins, d'être pris en considération. Les plantes qui le produisent se trouvent en quantités considérables dans les forêts des terres chaudes et spécialement dans celle des départements de Suchitepéquez, Escuintla et Peten.

Dans plusieurs fermes (haciendas), on a semé le

caoutchouc pour donner de l'ombre aux plants de cacao ; c'est un double profit.

Le caoutchouc croît de préférence dans les terrains abondants en humus, dans les sols sablo-argileux et humides.

L'exploitation de l'arbre peut commencer vers la septième année s'il a été planté dans un terrain propice.

Chaque arbre, en arrivant à son complet développement, produit en moyenne 4 kilogrammes de jus ou lait, qui s'extrait au moyen d'incisions pratiquées dans l'écorce ; cette quantité se réduit par la concentration. On peut effectuer deux extractions par an, cependant l'expérience conseille de n'en faire qu'une : la plante reste forte et dure cinquante années, le tronc pouvant atteindre un développement de plus de 1 mètre de diamètre.

Etant donné le prix élevé du caoutchouc sur le marché, lequel prix est loin de diminuer, à cause de la demande croissante qui est faite de cette manière, il serait très avantageux pour des gens actifs, possédant des capitaux et pouvant en attendre huit années les intérêts, de les employer à la plantation d'arbres à caoutchouc.

En 1903, le Guatemala a produit 4.541 quintaux de caoutchouc qui, à raison de $ 575 le quintal, représentent une valeur de $ 2.411.075.

Canne à sucre. — Les départements d'Escuintla et d'Amatitlan sont les principaux producteurs de canne à sucre. Elle est cultivée, d'ailleurs, sur une certaine échelle dans tous les départements de la République, celui de Totonicapam excepté, jusqu'à une hauteur d'environ 1.600 mètres. En 1903, la production fut de près de 31 millions de kilogrammes de sucres de diverses qualités.

La canne à sucre fournit également la matière première pour la distillation des alcools.

Froment. — On ne cultive le froment qu'à partir de 1.800 mètres environ et jusqu'à l'altitude de 3.150 mètres. C'est donc un produit des terres dites froides. Les départements de Solola et de Chimalténango viennent en tête avec les plus fortes productions, suivis par les départements de Totonicapam, Quézalténango et de San-Marcos. En 1903, la production en froment fut de 8.000.000 de kilogrammes.

Le froment fait l'objet d'une certaine importation, mais c'est surtout la farine qui est importée. Les chiffres se rapportant à l'importation de la farine accusent une moyenne d'environ 500.000 piastres-or par an ou 2 1/2 millions de francs.

Il paraît tout indiqué, qu'en présence du développement de la production du café dans tous les pays qui se sont consacrés à cette culture, et de la forte baisse qui en a été la conséquence, le Guatemala trouverait un avantage très réel à donner plus d'extension aux cultures de froment.

Pommes de terre. — Cette plante demande encore un climat froid, c'est-à-dire, dans le cas du Guatemala, des terres situées entre environ 1.500 et 3.100 mètres. Quézalténango, Chimaltenango, Solola et Huehueténango viennent en tête des départements où ce tubercule est produit. En 1903, le rendement était de 2.650.000 kilogrammes.

Tabac. — Le département de Chiquimula cultive cette plante sur une assez large échelle ; suit alors le département du Péten. Les autres départements ne produisent que des quantités peu importantes.

Le tabac vient bien jusqu'à 1.400 mètres. A l'année 1903 correspondent une production de 10.500 quintaux d'une valeur totale de $ 2.100.800.

Cacao. — Culture autrefois assez importante au Guatemala et rémunératrice à cause de l'excellence du produit, mais qui est tombée à mesure que le pays se consacrait davantage à la plantation du café.

Le cacao est un fruit essentiellement tropical et ne peut guère prospérer au delà de 600 mètres d'élévation. Le département de Suchitépéquez, le long du Pacifique, en est de loin le principal producteur. En 1903, on comptait dans tous le pays une production de 3.068 quintaux, correspondant à une valeur de $ 920.400.

Nous répétons ici ce que nous avons dit à propos du froment, c'est que le Guatemala trouverait vraisemblablement de grands avantages à développer également la culture du cacaotier.

Autrfois, le cacao de Soconusco avait la réputad'être le meilleur de tout le continent américain. Cette province, il est vrai, n'appartient plus au Guatemala, mais les départements de Suchitépéquez et de Retalhulen se trouvent dans des conditions absolument identiques pour produire ce fruit. D'ailleurs, quand Humboldt, au siècle dernier, visita l'Amérique, après avoir assigné le premier rang au cacao de Soconusco, il plaça celui de Gualan, dans le département de Zacapa, au second rang. Ceci démontre clairement que si actuellement la plantation du cacao a pour ainsi dire disparu dans cette partie du territoire, elle y était plus ou moins largement pratiquée au siècle dernier, et, selon toute probabilité, dans de bonnes conditions également.

Orge. — Cette céréale, comme le froment, ne vient bien qu'en terre froide, soit, pour ce produit, entre environ 1.450 et 3.000 mètres. Les départements de Quezaltenango et de Solola en sont les principaux producteurs, mais toutefois sur une petite échelle seulement. En 1903, on comptait une production de 1.250.000 kilogrammes.

Avoine. — Autre produit de la terre dite froide, mais relativement peu important. On trouve l'avoine surtout dans les départements de Sololá. En 1903, le rendement a été de 40.000 kilogrammes.

Fruits. — Nous citerons les ananas, les aguacates, les citrons, les oranges, les chirimoyas, les anacardes *(maranones)*, les papayes, les jocotes, les mameyes, les coyoles, etc. Les fruits des pays à climat tempéré, par exemple, les raisins, les poires, les pêches, sont rares.

Plantes légumineuses. — On trouve au Guatemala à peu près tous les légumes d'Europe, mais sur une petite échelle. Sont utilisées en outre, dans l'alimentation, les racines du gingembre, de l'ajonjoli, de l'achiote, du camote et de la yucca. Sont destinés au même usage des fruits tels que les citrouilles, les guisquiles, les ayotes et les guicoyes.

Plantes industrielles. — La culture du cactus à cochenille a été abandonnée depuis la découverte des couleurs extraites de la houille.

Plantes textiles. — Sans que ces plantes fassent l'objet d'une culture spéciale, on trouve au Guatemala le coton blanc, le cuyuscate, l'agave *(maguey)*, le mescal, le henequen, la ramie, la pitafloja (espèce d'agave), le chiendent, le jonc et diverses espèces de palmes et de roseaux.

Plantes oléagineuses. — Sont représentées par le mani, le sésame, le corozo et le chan.

Plantes tinctoriales. — A signaler, l'indigotier et le crocoyer.

Plantes médicinales. — Il y a à mentionner la salseparcille, le quinquina, l'ipécacuana, le tamarinier et la racine de jalap. La salseparcille fait l'objet d'une certaine exportation.

Faute de pouvoir la classer ailleurs, nous citerons encore ici la vanille.

Elevage. — *Exportation et importation de gros bétail.* — Pendant quelques années antérieures, on a importé au Guatemala une certaine quantité de gros bétail, sans que ce pays en exportât, mais cette importation allait en diminuant, jusqu'en 1898, où elle a complétement cessé, tandis que l'exportation enregistrait un certain chiffre, bien que très faible cependant, mais qui depuis s'est considérablement accru.

Faut-il en conclure que l'élevage du bétail a fait des progrès dans le pays, que sous ce rapport il se suffit à sa consommation, et que même il est arrivé à pouvoir envoyer un certain excédent à l'étranger ?

Au premier abord, on pourrait croire qu'il en est ainsi, mais deux décrets publiés en 1900, l'un, en date du 28 juillet, frappant d'un droit de 20 piastres par tête l'exportation du gros bétail par les douanes maritimes et terrestres, et l'autre, en date du 29 du même mois, déclarant libre de tout impôt fiscal et municipal l'importation de ce bétail, ont fait voir que la raison croissante du bétail du Guatemala devait être cherchée ailleurs.

En effet, les mesures législatives que nous venons de mentionner ont été prises, d'abord pour empêcher ou du moins enrayer l'exportation ou, pour mieux dire, le drainage du bétail qui se faisait depuis quelque temps dans toutes les républiques du Centre Amérique vers Cuba, et ensuite pour faciliter, dans la mesure du possible, le repeuplement des étables et arrêter ainsi le renchérissement rapide de la viande.

En ce qui concerne le plus spécialement le Guatemala, l'exportation du bétail vers Cuba y était même facilitée plus qu'ailleurs par la situation malheureuse dans laquelle se trouvent un grand nombre d'agriculteurs depuis la baisse du café, baisse qui a affecté ce pays bien plus encore que les républiques voisines du Centre Amérique.

Consommation du bétail. — Cette consommation est très faible au Guatemala.

La consommation des têtes de bétail en 1903 a été de 345.000 têtes.

En 1903, il existait au Guatemala 415.347 têtes appartenant à la race bovine, 337.645 moutons et 75.700 porcs.

Cultures fourragères. — Tous les départements de la République ont consacré certaines étendues de terrain aux cultures fourragères, mais on en rencontre le plus cependant dans les départememnts de Guatemala, de Santa Rosa, de Huéhuéténango, d'Escuintla, de la Alta Vérapaz et de Zacapa, sans distinction par conséquent dans les terres chaudes et les régions à température relativement froide. Si l'on fait abstraction du département du Péten, sur lequel les données font défaut, la surface totale occupée par les cultures fourragères s'élevait en 1903 à 415.000 hectares.

On distingue surtout trois plantes-fourrages : le *zacaté*, le *maicillo* et le *téocinté*, qui tous trois poussent très vigoureusement. Le zacaté domine, il est vrai, mais le téocinté paraît cependant préférable. Outre que cette graminée se reproduit d'une façon extrordinaire et atteint jusqu'à 2ᵐ50 et 3 mètres de hauteur, elle paraît aussi avoir une valeur alimentaire supérieure à celle des autres plantes similaires.

A signaler une variété de téocinté perpétuel.

Nous ajouterons que la luzerne est également cultivée.

Exploitation forestière : *Superficie occupée par les forêts.* — D'après une statistique officielle correspondant à l'année 1894 (1), la superficie occupée par les forêts, abstration faite du département du Péten, qui ne figure pas dans cette statisti-

____

(1) Il n'a pas été fait de nouvelle statistique depuis.

que, est de 526.579 hectares, qui se répartissent comme suit sur les différents départements :

Départements	Hectares	Départements	Hectares
Alta Vérapaz	76,142	Totonicapam	13,340
San Marcos	70,480	Jalapa	10,159
Izabal	65,026	Sacatépéquez	9,388
Guatemala	59,733	Jutiapa	5,949
Escuintla	44,573	Quiché	5,749
Huéhuéténango	39,855	Zacapa	2,370
Chiquimula	38,487	Suchitépéquez	1,035
Solola	35,369	Baja Vérapaz	672
Chimalténango	17,364	Amatitlan	142
Santa Rosa	15,790	Rétalhuléu	65
Quézalténango	14,890		
		Total	526,579

Comme il est dit ci-dessus, le département du Péten, qui occupe plus de 21.000 kilomètres carrés avec d'immenses forêts, n'est pas compris dans cette statistique.

D'après le Dr Carlos Sapper, voici les altitudes entre lesquelles sont rencontrées au Guatemala quelques-unes des essences les plus remarquables :

Désignation	Limite inférieure	Limite supérieure
Acajou	0	800
Cèdre	0	800
Arbre à caoutchouc	0	400
Coyol (palmier)	0	1.800
Pacaya (palmier)	200	2.500
Liquidambar	800	1.900
Arbres dicotylédones	0	3.660

Exportation des bois. — Bien qu'existant en très grande abondance, les bois, parmi lesquels on rencontre des essences fort précieuses, ne sont pourtant guère exportés. Pour l'année 1898, on ne trouve, en effet, dans la statistique officielle qu'un poste de 1.800 piastres en monnaie du pays ou d'environ 2.900 francs. Le défaut de voies de communication terrestres ou de cours d'eau permettant d'amener facilement les bois à la côte, en est incontestablement la principale, sinon l'unique cause.

Principales essences existant au Guatemala et leur emploi. — A l'Exposition de Guatemala, en 1897, figurèrent près de 200 espèces de bois différentes, ce qui permet de se faire une idée de la variété et de la richesse forestière du pays. L'énumération de toutes ces essences serait fastidieuse et au surplus d'une utilité fort douteuse. Nous nous limiterons donc à choisir trois des départements où la richesse est le plus développée : le premier, situé entièrement dans la zone humide, basse et chaude de l'Atlantique ; le deuxième, dans la zone sèche, élevée et relativement froide ; le troisième, dans la zone humide, basse et chaude du Pacifique. Nous sommes amenés ainsi à choisir respectivement les départements d'Izabal, de Guatemala et d'Escuintla, dont nous signalerons les principales essences en même temps que l'emploi de celle-ci.

Département d'Izabal. — Bois d'ébénisterie et pour construction de meubles : Acajou, cèdre, zapotillo, quiebra hacha, orozus, cortès, ciruélo et cédrillo.

Bois de construction : Acajou, laurier, bulhi, quiebra hacha, irayol, mangle, arrayan et manteco.

Bois pour carrosserie : Tamarinier et chupote.

Bois à charbon : Carboncillo, mangle, cortès, mango et chichipaté.

Arbres produisant des résines, des gommes et autres produits industriels : Caoutchouc, guanipol, carboncillo, pépénancé, balsamo, matapalo, carbon et tamarinier.

Département de Guatemala. — Bois d'ébénisterie et pour construction de meubles : Acajou, cèdre, ébène, chêne, noyer, cyprès, pin, guachipilin, yéma de huévo, mora, granadillo, estoraqué, matilishuaté, madré flecha, vainilla, saré et guayacan.

Bois de construction : Chêne, cèdre, pin, cyprès, zopé, quiébra hacha, guachipilin, yéma de huévo, taxisco colorado, mora, taxisco, peiné, sacalaqué, chêne rouvre, aripin négro, aripin colorado, palo de chinché, pimientillo, limpia dientes, cascarillo et saca sangre.

Bois pour carosserie : Chêne, chêne rouvre, zopé, taré, guachipilin, mora, madre flecha, chaperno, guiliguisté, mescal et saré.

Bois à charbon : Chêne, chêne rouvre, chêne blanc, pin, eucalyptus, taxisco, banéto, guayabo, saucé, palo obéro, huit, capiñol, pon et subin.

Arbres produisant des résines, des gommes et autres produits industriels : Pin, cyprès, palo jioté, jocoté, espino blanco, saucé, jocaté, copal, pon, chêne, subin, saré, estoraqué et capiñol.

Département d'Escuintla. — Bois d'ébénisterie et pour la construction des meubles : Acajou, cèdre, conasté, chonté, granadillo, marillo, chontal, matilishuaté, caimito simarron, mora et guachipilin.

Bois de construction : Chichiqué, marillo, trompillo, hormigo laurel, puntéro, guachipilin, chêne rouvre, plomillo, campanillo, madré cacao, laurier, mora, huilihuisté, marillo, chontal, conacasté, tépéaco, tépémisté, manglé, palo blanco, matilishuaté, tamarindillo, chilé, escobo, guanascasté et volador.

Bois pour carrosserie : Chichipaté, guapinol, mescal, mora, marillo, laurier, chichiqué, matilishuaté, guachipilin, tempisqué, ojusté, corozo, volador, puntéro, cabo de hacha, mulato, chontal, ceiba, conacasté, ixcanal, amaté, palo jioté et chichiqué.

Bois à charbon : Volador, palo negro, volador saucé, ujusté, zapoté chico, nancé, mango, alacran, guapinol, caimito, capiñol, madron et guapinolillo.

Arbres produisant des résines, des gommes et autres produits industriels : Caoutchouc, marillo, matapalo, jocoté, guapinol, cojon, conacasté, palo jioté, jobo, chaperno, cauloté, amandier et nancé.

La situation des travailleurs agricoles. — Pendant les trois cents ans qu'a durée la période coloniale, la race indigène ou indienne, qui seule fournissait des travailleurs agricoles, est restée soumise à l'esclavage le plus dur, représenté par le régime des impôts et des commanderies (*repartimientos y encomiendas*). Aussi, après ces trois siècles de domination espagnole, cette race était-elle réduite à la dixième partie de la population existant à l'arrivée des premiers conquérants.

Une fois le joug espagnol secoué, les lois du pays consacrèrent l'égalité civile des Indiens et la liberté du travail.

Cependant, l'agriculture se développant dans le pays et les exploitants ne trouvant pas chez les Indiens une offre suffisante de main-d'œuvre, il fallut bien recourir à certaines formes de l'ancien esclavage.

Une première mesure de ce genre fut le décret de 1877, qui établit le système des ordonnances *(man-damientos)*. L'ordonnance était l'attribution faite à un exploitant, par les autorités, d'un certain nombre de travailleurs, qui, moyennant un salaire, devaient travailler pour lui.

Après avoir donné lieu à beaucoup d'abus, ce décret fut aboli, mais rétabli en 1892, spécialement comme mesure protectrice de la culture du café.

Un autre décret, publié en 1893, consacra de nouveau la liberté du travail, ce document reconnaissant que cette liberté était seule conforme aux droits accordés par la Constitution.

Enfin, en 1894, une loi fut promulguée en vue de définir les droits et obligations réciproques des patrons et des travailleurs, loi qui consacra d'une manière plus explicite encore la liberté du travail. Elle établit que ni le patron ni l'autorité ne peuvent obliger un homme à engager son travail, de quelque manière que ce soit, sans son libre consentement.

Malgré tout, un système de recrutement basé sur des avances d'argent faites à l'Indien *(habilitaciones)* a continué à subsister, et la condition de celui-ci, en tant qu'homme libre, laisse encore bien à désirer.

Législation agricole. — L'agriculture est régie par un ensemble de dispositions législatives formé par des lois civiles générales et des lois particulières.

Parmi ces dispositions, il est intéressant de citer celle qui astreint la propriété privée à certaines charges de voisinage. Le propriétaire d'un bien fonds notamment, enclavé dans d'autres propriétés et sans issue à la voie publique, a le droit d'exiger un passage sur ces dernières terres, à charge de payer une indemnité. De même, ce propriétaire enclavé a le droit de conduire les eaux de son domaine par les propriétés voisines s'il n'est pas en communication directe avec un chemin, un canal ou une rue publique.

Quant à l'extension des propriétés, il n'existe pas de règles à ce sujet, mais les lois exercent cependant une certaine influence, par exemple sur la concentration des propriétés, par suite de la liberté testamentaire.

Le décret n° 334 du 4 mai 1896, dont il a déjà été question dans le paragraphe consacré à la législation commerciale et industrielle proprement dite, exempte pour un terme de dix années des impôts fiscaux et municipaux les propriétés affectées principalement à la culture de l'agave, du chanvre, du henequen, du lin, de la ramie, du coton et de la vigne. Il concède en outre des primes de 500 piastres pour chaque quatre *manzanas* (1) de henequen,

---

(1) Les mesures agraires sont généralement exprimées en *caballerias*, en *manzanas* et en *varas*. La caballeria contient 64 manzanas et la manzana correspond à un carré de 100 varas de côté. La vare mesurant 0ᵐ836, il en résulte que : 1 manzana = 6.989 mètres carrés ; 1 caballeria = 44 3/4 hectares.

chaque trente *manzanas* de coton et chaque dix *manzanas* de lin, de ramie ou de chanvre; des primes de 100 piastres pour chaque dix *manzanas* de froment et chaque cent mille plantes de tabac; des primes de 500 piastres pour chaque millier de ceps dans les vignobles qui en contiennent de mille à dix mille, et de 200 piastres pour chaque millier de ceps dans les vignobles qui en contiennent plus de dix mille. Enfin, ce même décret exempte du service militaire ordinaire, du service de l'entretien des routes et des corvées municipales, les patrons et journaliers occupés aux cultures que je viens de mentionner.

Législation forestière. — La loi civile soumet à des ordonnances spéciales tout ce qui est relatif à la coupe des bois et à la conservation des forêts, des pâturages et des futaies.

Immigration et colonisation. — Loi d'immigration du 25 janvier 1896. — Elle classe les immigrants en trois catégories : 1° les immigrants libres ; 2° les immigrants engagés par des entreprises particulières, et 3° les immigrants engagés par contrat par le Gouvernement.

Les immigrants appartenant à la première ou à la troisième catégorie jouissent de la gratuité du transport; ceux de la deuxième catégorie peuvent être transportés au compte des intéressés.

Le transport gratuit comprend le transport maritime et celui du port de débarquement au lieu de destination. Le transport gratuit du lieu de résidence au port d'embarquement peut également être accordé.

Les immigrants transportés gratuitement jouissent en outre de l'exemption des droits de douane pour leurs bagages et outils, semences et animaux domestiques, ainsi que la franchise des droits consulaires de passeport et de certificat de qualité d'immigrant.

Les immigrants laborieux peuvent obtenir des lots de terrains domaniaux en friche, comprenant de deux à six hectares, dans les départements du Péten, d'Izabal et de Huéhuéténango, à charge de prendre l'engagement de cultiver dans les deux ans au moins un tiers de leur concession.

Les immigrants sont exempts, pour un terme de

quatre années, des charges électives, du service militaire, du service des routes et des contributions municipales.

Les contrats avec des compagnies particulières ne peuvent dépasser quatre années.

La loi qui fait l'objet du présent paragraphe contient également des dispositions contre l'engagement d'immigrants chinois ou d'immigrants de tout autre pays âgés de plus de soixante ans, à moins que ces derniers ne soient le père ou la mère d'une famille qui les accompagne ou qui serait déjà établie dans le pays. Elle exclut encore les condamnés, ainsi que les immigrants qui ne présenteraient pas les conditions requises de bonne santé et de moralité. Mais, afin de ne pas induire nos lecteurs en erreur, nous devons ajouter que cette loi et les alléchantes dispositions qu'elle contient n'ont jamais été appliquées, le Gouvernement du Guatemala ayant disposé pour d'autres usages les sommes primitivement affectées et nécessaires au transport gratuit des immigrants.

Une loi spéciale, en date du 21 février 1900, réglemente la situation des étrangers dans le pays et signale les motifs d'expulsion, ainsi que ceux d'internement, sur la demande d'un Gouvernement étranger.

Loi agraire du 9 février 1894. — Cette loi dispose la création d'un corps d'ingénieurs topographes pour procéder au mesurage de la superficie du territoire, spécialement des terrains domaniaux en friche, et à la division de ceux-ci en lots d'une étendue allant jusqu'à 15 caballerias (671 hectares).

Les prix attribués à ces lots sont les suivants :

Pour terrains propres à l'élevage du gros bétail, à la culture des céréales, à la plantation des vignes, de l'indigo, du henequen et d'autres cultures analogues, 250 piastres par caballeria (44 3/4 hectares);

Pour terrains propres à la plantation de la canne, des bananes, du tabac et de la ramie, 400 piastres par caballeria;

Pour les terrains propres à la culture du café ou du coton, ou qui renfermeraient des forêts avec des bois de construction ou autres, 550 piastres par caballeria.

Au cas où le terrain ne serait pas mesuré, l'intéressé peut néanmoins s'adresser à l'autorité politique départementale et s'assurer par ce fait même le droit d'obtenir le terrain aux prix fixés ci-dessus, même dans la supposition où, après qu'il aurait fait sa demande, une autre personne offrirait un prix plus élevé.

La même loi autorise à concéder gratuitement des terrains domaniaux en friche à des immigrants et à des compagnies ou des personnes faisant des entreprises d'immigration, ou encore à des entrepreneurs de nouvelles voies de communication.

Elle autorise enfin, comme mesure propre à favoriser l'agriculture, à faire des concessions sans charge aucune ou moyennant certaines franchises, quand ces terrains sont destinés à des cultures ou des exploitations déterminées.

Salaires. — La vie, le logement et le vêtement sont très chers au Guatemala.

Voici quelques indications sur les salaires :

Maîtres charpentiers étrang..	5.00 à 7.00	piastres par jour
— — du pays.	4.00 à 4.50	— —
Ouvriers charpentiers........	2.50 à 3.50	— —
Apprentis —	0·50 à 1.00	— —
Maîtres maçons étrangers:....	4.00 à 6.00	— —
— — du pays.....	2.50 à 3.50	— —
Bons ouvriers maçons........	1.75 à 2.25	— —
Ouvriers maçons ordinaires..	1·25 à 1.50	— —

Apprentis maçons..........	0.50 à 0 87	piastres par mois
Peintres ordinaires du pays..	3.00 à 4.00	— —
Manœuvres................	0.75 à 1.50	— —
Ebénistes.................	4 00 à 10	— —
Typographes..............	2.50 à 8.00	— —
Serruriers	1.50 à 3.00	— —
Cuisiniers...............	30 à 100	piastres par mois
Boulangers..............	60 à 100	— —
Garçons d'hôtel..........	10 à 20	— —
Cochers.................	20 à 60	— —

Dans les plantations de café, on paie les Indiens à raison de 0.50 piastre par chaque caisse de 150 livres de café récolté. Leur travail journalier représente de deux à trois caisses.

Conseils aux émigrants. — Il a été dit jadis à propos de la République-Argentine : « Un émigrant sans argent, mais pourvu de bons bras et de bonnes habitudes, peut se procurer dans les fermes un emploi immédiat et constant à un prix aussi élevé et même plus élevé qu'on ne lui offrirait n'importe où. »

Pour le Guatemala, il faut dire : « Si vous n'avez pas d'argent, et seulement de bons bras et de bonnes habitudes, ne venez pas au Guatemala, car vous y trouveriez comme concurrents plusieurs millions de travailleurs indiens qui ont des bras et des habitudes suffisantes pour le travail des fermes et qui se contentent de salaires qui vous rendraient plus misérables au Guatemala qu'en France. » La population indienne, en tenant compte de l'activité plus grande qu'elle est susceptible de déployer et qui sera la conséquence naturelle de l'augmentation des salaires et de l'accroissement des exigences qu'entraîne le développement de la civilisation en tenant compte également des transformations économiques amenées par l'introduction de méthodes et d'un outillage plus perfectionnés, peut fournir le nombre de bras suffisants pour mettre en exploitation le double des terres, des mines et des manufactures actuellement exploitées. C'est à cette augmentation de production que l'émigrant français doit contribuer comme grand ou petit agriculteur, comme artisan ou ingénieur, comme commerçant importateur ou exportateur, comme fabricant enfin, avec l'aide des capitaux français.

La culture des plantes tropicales donnera certainement des bénéfices considérables, mais les cultures dans lesquelles nos paysans sont passés maîtres, celle de la vigne, de l'olivier, du mûrier, des céréales, sont également très lucratives. Les fromages passables sont très rares au Guatemala et leur fabrication telle qu'elle se fait dans certaines parties de la France serait très productive. On peut en dire autant de l'horticulture, de l'élevage des vers à soie et des abeilles. Le prix des terres les plus fertiles peut être qualifié de dérisoire, et il y en a beaucoup à exploiter dans les environs des grands centres et près des lignes de chemin de fer.

Il y a place au Guatemala pour des ouvriers mécaniciens, tourneurs, ajusteurs, chaudronniers, etc., etc., à condition qu'ils ne s'obstineront pas à trouver de l'ouvrage à la capitale, qui possède plus d'ouvriers que son industrie ne peut en occuper; mais, sur beaucoup d'autres points du pays, il existe des mines, des plantations des sucres et d'autres exploitations agricoles. Nous en dirons autant aux ouvriers tailleurs, cordonniers, menuisiers et autres artisans; les positions importantes dans les grands centres sont généralement prises; elles sont le résultat de longs efforts et exigent d'ailleurs la disposition de capitaux que ne possèdent pas les émigrants. En revanche, les ouvriers que nous venons de citer peuvent, avec de l'intelligence et de l'exactitude dans l'accomplissement de leurs engagements, arriver très promptement à la plus large aisance dans les villes de second ou même de troisième ordre. Ce que nous venons de dire s'applique également aux médecins.

Les ingénieurs français sont trop peu nombreux, et nos industriels auraient tout avantage à faciliter leur installation au Guatemala en leur accordant par exemple des conditions très libérales pour la propagation de leurs produits.

Ajoutons, enfin, que les richesses du sol Guatemalien ne sont pas à la disposition du premier venu ; elles seront exclusivement le lot des hommes d'énergie et d'intelligence, aptes à se plier aux exigences spéciales du pays ; elles ne se livreront souvent qu'après une acclimatation difficile, des déboires et des désillusions qui accompagnent toujours les premiers pas de l'émigrant dans un pays où tout diffère de son pays d'origine.

Exploitation minière. — *Matières minérales destinées aux industries de la construction, à la céramique, etc.* — Les kaolins et argiles, tant pour la fabrication de la céramique fine que pour la poterie commune, se trouvent répandus dans tout le pays; mais ceux de San Juan (département de Solola), de Huéhuéténango (département de ce nom), d'Antigua (département de Sacatepéquez) et de Chiantla (département de Huéhuéténango), de couleur jaune jusqu'au rouge foncé, méritent cependant une mention spéciale.

Des granits très résistants, des roches calcaires et des grès de couleurs vives existent à San Cristobal (département de Totonicapam), à San Juan Sacatepéquez (département de Guatemala) et à Chiantla (département de Huéhuéténango).

Des roches calcaires de couleur bleue se rencontrent dans la partie méridionale du département de Chiquimula.

Combustibles minéraux. — Des affleurements de lignite existent dans les départements de Santa Rosa et d'Izabal. Près de Guatemala on a trouvé un charbon semi-bitumineux. Enfin, dans la vallée de Pinula (département de Jalapa), on a découvert des fragments d'asphalte.

Certains échantillons de lignite ont donné à l'analyse 1 1/2 à 2 % de cendres, 30 à 40 % de matières volatiles et 30 à 50 % de carbone fixe.

Minerais et gisements salins. — Il paraît de plus en plus probable que le Guatemala renferme des gisements métallifères d'une réelle importance. Ainsi semblent du moins le prouver les recherches faites dans ces derniers temps par des ingénieurs européens dans les régions orientales du pays, régions qui paraissent renfermer le plus de substances minérales.

Minerais d'argent et galènes (sulfures de plomb) argentifères. — On les trouve dans les départements de Huéhuéténango, de San Marcos, de la Alta Vérapaz, de la Baja Vérapaz, de Quiché et de Santa Rosa. Dans les galènes, la teneur en plomb varie de 20 à 50 p. c. et celle en argent de 200 grammes à 7 kilogrammes à la tonne, la moyenne pouvant être estimée de 2 à 3 kilogrammes.

Chlorures d'argent. — Existent dans les départements de Santa Rosa, de Chiquimula et de Guatemala.

Minerais d'or. — Se rencontrent dans les départements d'Izabal, de Guatemala et de Quézalténango. Des placers existent sur les bords des rivières le Motagua, le Grande et le Platanos. A Las Quebradas, localité voisine du premier cours d'eau, il y a des travaux en exploitation.

Minerais de cuivre (azurite). — Se trouvent dans les environs de San Christobal (département de Totonicapam), dans les départements de Quiché et de Guatemala et dans les environs de Canoas (département de Baja Vérapaz). On dit que l'azurite, qui se présente en filons dans des calcaires et des ardoises, accuse une très forte teneur.

Galènes et autres minerais de plomb. — Se rencontrent dans les anciennes mines de Huéhuéténango, de Chiantla, de Quiché et de Cunen (département de Quiché), enclavés principalement dans des formations calcaires et plus rarement dans des granites et des ardoises.

Minerais de zinc. — Les environs de Chiantla et de San Christobal présentent ces minerais à l'état de blendes (sulfure de zinc) argentifères, avec une richesse, dit-on, de 15 à 40 p. c. de zinc. La calamine (carbonate de zinc) existe dans les collines de Santa Rosa (département de ce nom) et d'Alotépéqué (département de Chiquimula).

Cinabre. — Ce minerai, avec 86 p. c. de mercure, renseigne-t-on, existe dans d'anciennes mines, dans les roches calcaires du département de Quézalténango. Les dépôts sont irréguliers et donnent du mercure natif en petite quantité. La mine de Zunil mériterait une mention spéciale.

Sulfate de magnésie. — Se trouve dans les cavernes voisines du district de Magdaléna (département de Zacapa).

Chlorure de sodium. — Le sel commun se rencontre dans des sources près de Coban (département de la Alta Vérapaz) et dans le district de Magdaléna, où l'on exploite une saline. Il est produit également sur la côte du Pacifique, principalement à Chiquilimula et à San-José.

Législation minière. — En voici quelques dispositions intéressantes :

Les mine d'or, d'argent, de cuivre, de mercure, de plomb, de zinc, de bismuth, de cobalt, de nickel, d'étain, d'antimoine, d'arsenic, de fer, de manganèse, de molybdène et de pierres précieuses, sont propriété exclusive de la nation toutes les fois que leur exploitation comporte des travaux et des opérations pouvant être dans la dénomination d'industrie minière.

Il en est de même des mines de sel, de pétrole et de combustibles minéraux se trouvant dans les terrains de l'État, même lorsque ceux-ci deviennent dans la suite propriété particulière.

En ce qui concerne les gisements dont il vient d'être question, les particuliers ont le droit de faire les travaux de recherches et de formuler des demandes de concessions.

Les mines de sel, de pétrole et de combustibles minéraux, situées dans les propriétés particulières peuvent être exploitées librement par le propriétaire de la surface, sans autre formalité que celle d'en donner avis à l'autorité administrative.

Sont d'exploitation commune, s'ils se trouvent dans des terrains appartenant à l'État ou à des municipalités, les pierres de construction ou d'ornement, les sables, les ardoises, les argiles, les tourbes, les marnes et les autres matériaux de cette catégorie applicables à la construction, à l'agriculture ou aux arts. Leur exploitation peut cependant faire l'objet d'une concession.

Les sables aurifères, les minerais de fer d'alluvion et les autres productions minérales des rivières et des placers, quel que soit le terrain qui les renferme, sont librement exploitables sans concession préalable.

Enseignement professionnel ou technique. — Une mention spéciale revient aux établissements suivants :

L'école des Ingénieurs, à Guatemala. — Elle se borne à enseigner les branches plus spécialement appliquées par les géomètres. Le personnel enseignant comprend seize professeurs. Budget annuel, 11.520 piastres.

L'école centrale des arts et métiers, pour garçons, à Guatemala. — Elle comprend trois degrés d'enseignement élémentaire et trois années d'études secondaires spéciales. A cet établissement sont annexés des ateliers de tailleurs, de cordonnerie, de reliure, de construction mécanique et de fonderie, de ferronnerie, de ferblanterie, de maçonnerie, de charpenterie, de carrosserie, de fabrication de tissus et de gravure. Le personnel se compose de onze professeurs et de dix chefs d'atelier. Budget, 40.000 piastres.

L'école centrale des arts et métiers, pour filles, à Guatemala. — Cet établissement comprend un degré préparatoire, deux degrés élémentaires et un degré supérieur. A part l'enseignement classique, les filles y apprennent la couture, la cuisine, le lavage et le repassage, l'économie domestique, la coupe et la confection du linge, les principes de broderie artistique, la réparation des vêtements, la confiserie, la coupe et la confection de vêtements pour femmes et enfants, etc. Le personnel se compose de huit professeurs. Budget, 23,000 piastres. A partir de douze ans, les élèves sont soumises à l'internat.

L'école nationale de commerce à Guatemala. — Comprend deux divisions : une pour garçons, l'autre pour jeunes filles. On y enseigne la tenue des livres, l'arithmétique commerciale, le droit commercial, le français et l'anglais. Des cours d'économie politique et de géographie commerciale sont en outre donnés aux garçons.

L'école des arts et métiers de Chiquimula. — Cette école comprend neuf ateliers : charpenterie, cordonnerie, ferblanterie, ferronnerie, sellerie, tissage, carrosserie, reliure et un atelier de tailleurs. Budget, 30.000 piastres.

L'école des arts et métiers de Quézalténango. — Possède des ateliers de typographie, de reliure, de charpenterie, de ferronnerie et de fonderie, de cordonnerie, de ferblanterie, de travail du cuivre et un atelier de tailleurs. Budget, 24.000 piastres.

L'école des arts et métiers de Huéhuéténango. — Des ateliers de charpenterie, de cordonnerie, de tailleurs et d'orfèvrerie y sont annexés.

Commerce extérieur. — Le mouvement commercial de ce pays a continué à se développer, pendant l'exercice 1905; les importations se sont élevées, en effet, à 6.844.444 $ or et les exportations à 8.237.758 $, contre respectivement 5.041.142 et 7.551.865 $ en 1904.

Voici le détail de ces chiffres :

IMPORTATIONS

	1904	1905
Etats-Unis............	$ 1.801.456	3.067.018
Grande-Bretagne........	1.311.136	1.570.114
Allemagne.............	1.313.136	1.408.509
France.............	210.521	269.474
Mexique.............	26.118	111.719
Belgique.............	141.522	101.229
Espagne.............	72.596	86.313
Italie.............	7.014	23.290
Amérique du Sud........	66.506	58.408
Japon et Chine.........	34.743	54.793
Amérique centrale........	50.227	27.149
Cuba.............	5.474	5.713
Totaux, y compris les divers	$ 5.041.142	6.844.444

Les principaux articles d'importation sont le froment, le maïs, les objets en laine, la quincaillerie, les charbons, le matériel de chemins de fer, les produits chimiques et les sacs en jute.

L'Europe entre, dans le total des importations de 1905, pour 51,42 % et l'Amérique pour 47,78 %, contre respectivement 60,63 et 38,68 % en 1904.

EXPORTATIONS

	1904	1905
Allemagne	$ 3.507.933	4.078.643
Etats-Unis	2.292.486	2.875.336
Grande-Bretagne	1.324.309	1.050.487
Mexique	217.286	66.307
Amérique du Sud	47.508	45.811
Autriche-Hongrie	18.695	37.008
France	84.866	25.327
Italie	3.719	17.788
Amérique centrale	19.449	7.697
Totaux, y compris les divers	$ 7.551.865	8.237.758

La valeur des principaux articles d'exportation s'établit comme suit : café, 7.297.347 $ or ; bois, 219.331 $; produits animaliers, 213.469 $; caoutchouc, 184.023 $; bananes, 122.824 $; sucre, 97.797 $; résine, 66.357 $; peaux, 17.742 $.

L'Europe entre, dans l'ensemble des exportations de 1905, pour 63.39 % et l'Amérique pour 36,61 %, contre respectivement 65,88 et 34,12 % en 1904.

Situation commerciale. — Le commerce extérieur du Guatemala a subi dans les dix dernières années des oscillations assez fortes. En 1905, les exportations dépassaient de beaucoup les importations, et cela grâce aux prix élevés obtenus pour le café sur les marchés étrangers. En 1896 et 1897 la balance fut en faveur des importations :

Années	Importations piastres or	Exportations piastres or
1896....................	11.429.194	9.972.875
1897....................	8.584.822	7.910.344

Pendant ces deux dernières années, toujours par suite des prix élevés du café, le luxe et l'abus du crédit occasionnèrent de fortes importations.

Depuis lors, les prix suivirent une voie descendante, une crise politique survint et, en 1898, les importations et les exportations s'équilibrèrent. A ces causes, il faut ajouter l'établissement du cours forcé du papier-monnaie et les tremblements de terre. A partir de 1899, les sorties n'ont cessé de dépasser les entrées, le travail national s'est relevé et les importations de 1902 et de 1903 ont subi de fortes réductions, les chiffres ci-après le prouvent :

Années	Importations piastres or	Exportations piastres or
1898	4.850.835	4.801.733
1099	3.067.555	8.380.555
1900	3.138.102	7.393.203
1901	4.258.956	7.519.485
1902	4.016 869	9.013.507
1903	2.971.638	6.718.986
1904	5 014.142	7.551.466

Les valeurs indiquées dans la deuxième colonne se rapportent aux importations par mer et par terre et ont été augmentées de 25 % pour les frets, commissions, assurances, etc. Les importations par mer, d'après le montant des factures, déduction faite des 25 %, ne se sont élevées, en 1904, qu'à 4.010.495 piastres or.

Les importations totales de l'année dernière dépassent de beaucoup celles des six années antérieures ; elles sont notamment supérieures de plus de 3 millions de pesos or à celles de 1903. Cette forte augmentation des marchandises importées doit être attribuée aux causes suivantes : Il existait beaucoup de stock en 1903, on les a écoulés et en 1904 il a fallu les renouveler. D'autre part, l'industrie du

bâtiment a pris depuis deux ans une grande extension, ce qui a nécessité l'importation de fortes
quantités de fer, d'aciers, de quincaillerie, de tôles
ondulées pour toitures, etc. Les matériaux employés
actuellement pour les toitures, dans tous les pays de
l'Amérique centrale, sont les anciennes tuiles rouges
et, en quelques endroits, la tôle ondulée. Les tuiles,
naturellement, sont très lourdes, et dans certaines
contrées du Guatemala qui subissent de temps en
temps des tremblements de terre une toiture légère
et durable serait infiniment préférable. Mais il est
inutile d'essayer d'introduire un article uniquement
annoncé par catalogue; il faut envoyer des échantillons, afin qu'on puisse les soumettre à l'expérience
et par suite convaincre l'acheteur de la supériorité
du nouvel article sur celui employé jusqu'alors.

L'augmentation accusée par les importations
provient surtout des grains, farines, sacs, machines,
faïence, spiritueux, tissus de coton et de laine,
allumettes, instruments, outils, tôle de fer, matériel
de chemin de fer, cuirs, etc.

Les Etats-Unis d'Amérique figurent pour environ
10 % dans les importations totales de 1904. Les

envois par la côte occidentale des Etats-Unis sont un peu supérieurs à ceux de la côte orientale, mais cet état de choses ne peut manquer de changer, lorsque le chemin de fer du nord, de Puerto-Barrios à la capitale, sera achevé, ce qu'on espère pour le courant de 1907. Des vapeurs visiteront plus souvent et régulièrement Puerto-Barrios et Livingstone; déjà la Hamburg-America Linie a un service mensuel entre New-York et les deux ports précités. Si les Etats-Unis n'ont pas obtenu jusqu'ici une part plus grande des importations, c'est que : 1º ils n'accordent pas de crédits de six mois; 2º ils n'apportent pas suffisamment de soins à l'emballage des marchandises, qui sont très rudement traitées au débarquement, sur la côte du Pacifique; 3º ils doivent payer des frets plus élevés que les Européens malgré leur plus grande proximité de l'Amérique centrale. Mais on peut être certain que les Américains tâcheront de remédier à cette situation. Ce sont eux, du reste, qui tireront le plus de profit de l'achèvement du chemin de fer du nord. Chicago ne se trouvera plus alors qu'à six jours de voyage de Guatemala, et New-York à sept jours. D'autre part, le Gouvernement américain favorisera de tous ses moyens le trafic par Colon-Panama. Il a fait l'acquisition du Panama Railroad et de la ligne de vapeurs connexe entre New-York et Colon et ne manquera pas de diminuer dans de fortes proportions les tarifs actuellement prélevés par les deux compagnies dont il s'agit.

Les marchandises lourdes, telles que les ciments, les fers et les aciers, continueront probablement à passer par Magellan et Colon, car la différence de fret ne sera pas de nature à compenser celle du prix de transport par chemin de fer. Il y a 194 milles de chemin de fer entre Puerto-Barrios et Guatemala, tandis qu'il n'y en a que 74 1/2 entre San-José et la capitale. Il y a lieu de remarquer en outre que toutes les importations ne sont pas destinées à Guatemala-Ville et que les riches contrées du sud continueront, selon toute probabilité, à faire la majeure partie de leurs exportations par la côte du Pacifique.

Quant aux produits légers, les articles de grande valeur devant être expédiés avec célérité, les colis postaux, etc., ils passeront par Puerto-Barrios et il en sera de même pour la plupart des voyageurs se rendant au Guatemala.

Si les Compagnies du chemin de fer du nord et du chemin de fer central, de Puerto-Barrios à San-José, accordent des tarifs avantageux, elles pourront faire la concurrence au Panama Railroad, surtout pendant la durée des travaux du canal, qui absorberont une bonne partie du trafic. Mais, si elles appliquent le tarif de 1 centavo or par quintal et par mille, comme la Compagnie centrale a décidé de le faire, la lutte deviendra quasi-impossible.

Les exportations de 1904 ont dépassé celles de 1903 ; cette augmentation est due à une plus forte exportation du café (647.064 et 578.973 quintaux), le principal produit du Guatemala et qui est presque exclusivement exporté en Allemagne, aux Etats-Unis et en Angleterre. Le caoutchouc ne figure dans les chiffres de 1904 que pour 219.469 dollars or (4.389 quintaux), alors que de grandes étendues du pays conviennent parfaitement à la culture de cet arbre, surtout le caoutchouc Ceara, qui donne un résultat au bout de quatre à cinq ans et qui présente un grand avantage sur le Castilloa, dont le rendement ne commence qu'au bout de huit ans environ. D'autre part, le Ceara pousse à des altitudes plus élevées que l'autre, par conséquent dans des contrées plus saines, et obtient des prix plus élevés que le Castilloa. Le caoutchouc du Centre-Amérique n'est généralement coté qu'à des prix très bas sur le marché de Londres, à cause de la qualité qui laisse à désirer par suite de l'habitude des exploitants d'extraire le produit d'arbres trop jeunes.

Les minerais ne figurent pas dans la liste des produits exportés, et cependant le pays est riche en minerais d'argent, d'or, de plomb, de cuivre, de zinc, de cinabre, de sulfate de magnésie, de chrome, d'asbeste, de mica, etc. Le manque de bras, les difficultés de transport, les frais d'embarquement, le taux élevé du fret maritime, sont les principales causes de l'inexploitation des richesses minérales du Guatemala.

Les produits autres que le café figurent pour 14.24 p. c. dans le commerce d'exportation de 1904, proportion qui n'a cessé de s'accroître dans ces derniers temps; elle était de 5.58 p. c. de 1891 à 1897, de 10.65 p. c. de 1898 à 1901 et de 14.12 p. c. 1902 à 1904, terme moyen. Ces chiffres sont dignes de remarque et prouvent que l'état économique du pays s'améliore et que les cultures s'étendent et se diversifient.

Pendant les mois d'avril, de mai et de juin 1905, le *change* n'a guère subi de fluctuations ; il a oscillé entre 1.180 et 1.200 pour les dollars à vue. Les circonstances qui occasionnèrent les brusques changements survenus auparavant et qui mettaient les commerçants dans l'impossibilité d'établir leurs calculs tendent de plus en plus à disparaître, et il est probable qu'on ne verra plus ces taux de change élevés sur l'étranger, ni les prix exagérés des marchandises qui en étaient les conséquences.

Le fisc perçoit en or le droit d'exportation sur le café (1 dollar par quintal), ainsi que les 30 p. c. des taxes sur les marchandises importées. Il possède suffisamment d'or et n'a pas besoin d'en acheter pour faire face à ses engagements, ce qui fait cesser l'agio et les spéculations.

A propos du *tarif d'entrée,* il ne sera pas sans intérêt d'indiquer de quelle façon il doit être calculé. Prenons une marchandise passible d'un droit de 100 piastres les 100 kilogrammes ; 70 piastres seront à acquitter en papier-monnaie et 30 piastres en or qui, au taux actuel de 1.290 (100 piastres or = 1.290 piastres papier), représentent 380 piastres papier (387 + 70) correspond donc au droit que la marchandise aura à acquitter par 100 kilogrammes.

A partir du 1er juillet 1905, les frais de transport par chemin de fer seront également payables en or. On croit que ces paiements auront pour résultat de niveler les remises qui se font à l'étranger, le chemin de fer cessant d'être un facteur pouvant, à un moment donné, occasionner une forte hausse en faisant des achats considérables.

D'après le mémoire du Ministre des finances, les recettes fiscales se sont élevées en 1904 à 30.315.338 pesos (contre 17 millions 585.885 en 1904), chiffres qui prouvent non seulement la puissance économique du pays, mais qui démontrent aussi que les finances peuvent vivre de leurs ressources. Si l'on ajoute à ce qui précède que le décret 631 ordonne de limiter l'émission des billets, sans garantie d'espèces métalliques, on peut en conclure que l'on ne fera plus de nouvelles émissions.

Le même document indique que, pendant les sept

années (1898-1904), les exportations se sont élevées à 51.467.338 $ or et les importations à 28.024.099 $ or, soit une balance en faveur des premières de 23.443.239 $ or.

En présence de cette situation, on croit générale-lement que le change, qui était de 1.400 p. c. à la fin de 1903 et de 1.200 p. c. en mai 1905, continuera à suivre sa voie descendante.

Il y a encore d'autres facteurs qui prêteront leur concours en faveur de l'amélioration du change et de la situation économique de la République : nous faisons allusion à l'achèvement du chemin de fer du Nord, à l'exécution des contrats qui ont été donnés à cet effet et aux paiements qui en résulteront. Cette voie facilitera les communications entre les Etats-Unis et l'Europe, d'une part, et le Guatemala, d'autre part. L'immigration s'accroîtra et de nouveaux capitaux seront placés dans la République. Le change en subira les heureuses conséquences et sera peut-être ramené aux taux qui avaient cours auparavant. Pourvu que la baisse se produise lentement et ne porte pas préjudice aux intérêts créés à la suite des hautes primes payées antérieurement !

On estime la valeur de la production totale de l'agriculture au Guatemala, pour l'année 1904, à environ 200 millions de pesos (1 peso valait environ 0 fr. 40 c. en mai 1905), dont 57 millions pour le café, 42 pour le maïs, 40 pour le bois, 19 pour la panela (sirop de sucre évaporé jusqu'à solidification et qui n'a subi aucune purification (1), 11 pour le sucre, 6 1/2 pour les haricots, 2.7 pour le fourrage, 2.5 pour le tabac, 2.3 pour le froment, 1.9 pour le caoutchouc, 1.9 pour les fibres d'agave, 1.1 pour les patates, 1 pour le cacao, 1.7 pour l'exportation des bananes, 0.8 pour le riz, 0.5 pour la palma pour chapeaux; puis, pour des valeurs moindres, viennent les orchidées destinées à l'exportation, l'orge, l'avoine, le piment, les noix de coco et autres fruits, etc.

Quant aux animaux, la statistique de 1904 donne 292.000 têtes de bétail, 70.000 chevaux, 82.000 moutons, 22.000 chèvres et 134.000 porcs.

On a reproché à l'agriculteur guatemaltèque de

---

(1) On exporte la panela en Angleterre, *via* Panama et Colon, où elle est employée à la fabrication de la bière.

se consacrer exclusivement à la culture d'un seul et même produit, le café; on s'est plaint aussi du manque de bras. Il y a certes insuffisance de travailleurs, personne ne pourrait le contester, et il serait de l'intérêt du gouvernement de favoriser l'immigration d'ouvriers étrangers qui, en même temps que leur travail et leur énergie, introduiraient dans le pays de nouvelles cultures et des méthodes plus perfectionnées.

En ce qui concerne l'assertion que le café absorbe toute l'attention des finqueros (agriculteurs), on vient de voir qu'elle est quelque peu exagérée et qu'en dehors de ce produit il y en a d'autres. On estime l'étendue cultivée à 15.000 caballerias (1), dont 2.100 pour le café. Toute la production agricole est évaluée à 200 millions de pesos, dont un peu plus d'un quart pour le café. L'on ne peut donc pas dire que l'on s'occupe exclusivement du café au Guatemala.

La partie cultivée est bien minime quand on la compare à l'étendue de la république, qui est de

____

(1) Une caballeria égale 44 3/4 hectares.

165.000 kilomètres carrés. Comme nous venons de le dire, cette situation est due au manque de bras et aussi à l'indolence des Indiens, qui figurent pour plus des deux tiers dans la population totale de la république, estimée à environ 1.900.000 habitants.

Le pays convient très bien à la plantation du café qui, à cause de sa bonne qualité, jouit de certains privilèges sur les marchés étrangers. Les terrains sont à bon marché et, très fertiles, le climat est très propice à une production exubérante] et, malgré les droits d'exportation et les frets élevés, la précieuse graine parvient à se frayer un chemin dans les centres de consommation les plus lointains.

Nous ne voyons donc pas pourquoi les finqueros perdraient l'occasion d'exploiter cette importante branche de l'industrie qui, tout en donnant satisfaction aux consommateurs et honneur et gloire à l'agriculture nationale, attire les capitaux étrangers qui autrement n'y viendraient pas aussi facilement.

Certes, on a commis des fautes, on a exploité sans méthode et sans prévoyance. Pour ne citer qu'un exemple, nous dirons que dans un pays où l'on peut obtenir jusqu'à trois récoltes de maïs par an, on a été obligé d'importer, en 1904, 2.915.942 kilogrammes de cette graine, d'une valeur de 89.129 pesos or. Il y a deux ans, le maïs valait 12 à 15 pesos papier le quintal de 100 livres ; en mai 1905, il en valait de 50 à 55.

On peut dire d'une manière générale que l'agriculteur guatemaltèque a une certaine répugnance à employer les machines et n'étudie pas suffisamment l'art de la culture. D'autre part, les difficultés de transport sont énormes et les tarifs du chemin de fer très élevés. Cet état de choses n'est pas sans nuire au progrès de l'agriculture, mais en fût-il autrement, il manquerait toujours des bras pour mettre en valeur les immenses étendues du pays.

Traités de commerce, de navigation et autres arrangements internationaux actuellement en vigueur. — Les traités et conventions actuellement en vigueur entre la République de Guatemala et les puissances étrangères sont les suivants :

Convention entre le Guatemala et la Belgique réglant le droit de succéder et d'acquérir. — A été signée à Guatemala le 19 juillet 1843 et approuvée

par l'Assemblée constituante le 19 novembre 1844.
Durée indéterminée.

Déclaration échangée entre le Guatemala et la Belgique sur la communication réciproque des renseignements fournis par les recensements des populations. — Cette déclaration, signée à Guatemala le 12 février 1891, entre les représentants de la Belgique et du Guatemala, a pour objet la communication réciproque, sans frais, après chaque recensement général de la population, des listes des citoyens d'un des États résidant dans l'autre.

Convention relative à la création d'une Union internationale pour la publication des tarifs douaniers. — Cette convention, signée à Bruxelles le 5 juillet 1890, par les représentants de la plupart des nations du monde, a pour but, comme son nom l'indique, la publication, dans un recueil spécial, des tarifs douaniers de ces nations. Un bureau international, installé à Bruxelles, sous la haute direction du Ministre des affaires étrangères de Belgique, est chargé des travaux que comporte cette convention. L'adhésion de la République de Guatemala porte la date du 23 septembre 1891.

Traité d'extradition entre le Guatemala et la Belgique. — Signé à Guatemala le 20 novembre 1897.

Union postale universelle. — Cette convention a été signée à Paris le 1er juin 1878 par les représentants de trente-deux Etats. Le Guatemala y a adhéré le 24 mai 1881.

Convention d'extradition de criminels entre la République de Guatemala et les Etats-Unis d'Amérique. — La signature de cette convention a eu lieu à Guatemala le 11 octobre 1870, et l'échange des ratifications, en la même capitale, le 8 mars 1888. Un article additionnel, signé et ratifié à Guatemala, respectivement les 22 octobre 1887 et 8 mars 1888, porte que l'extradition des propres nationaux d'un des Etats contractants ne pourra être exigée par l'autre.

Traité d'extradition de criminels entre le Gouvernement de Guatemala et le gouvernement de S. M. Britannique. — Ce traité, signé à Guatemala le 4 juillet 1885, y a été ratifié le 6 septembre 1886.

Déclaration entre le gouvernement de Guatemala et le gouvernement d'Italie sur l'échange des documents de l'état civil. — Cette déclaration, signée à Guatemala le 16 février 1889, stipule principalement la remise réciproque, sans frais d'aucune nature, des extraits des actes de l'état-civil concernant des personnes de la nationalité des deux pays contractants.

Convention internationale pour la protection des câbles télégraphiques sous-marins. — Convention signée à Paris le 14 mars 1884 par les représentants des vingt-six puissances, dont faisait partie la République de Guatemala.

Traité d'amitié, de commerce et de navigation et convention consulaire entre la République de Guatemala et S. M. l'empereur d'Allemagne, roi de Prusse, etc., au nom de l'Empire d'Allemagne. — Ce traité a été signé à Guatemala le 20 septembre 1887 et les ratifications ont été échangées dans la même capitale le 22 juin 1888.

L'article 33 de ce traité stipule en faveur des hautes parties contractantes le traitement de la nation la plus favorisée. Selon le protocole du 22 juin 1888, cet article, un peu obscur dans sa rédaction, doit être interprété en ce sens que les privilèges spéciaux que la République du Guatemala a concédés aux autres quatre Républiques du Centre Amérique ou à l'une d'elles, ou ceux qu'elle leur accorderait dans la suite, ne peuvent être réclamés par l'Allemagne, en raison du droit de la nation la plus favorisée, tant que tous les autres Etats tiers resteront exclus de la participation de ces avantages.

Ledit protocole stipule également que le traité sera applicable au grand-duché de Luxembourg pendant le temps que ce pays appartiendra au système douanier et commercial de l'Allemagne.

Convention pour la protection réciproque des marques de fabrique et de commerce entre la République du Guatemala et la Grande-Bretagne et l'Irlande. — Signée à Guatemala le 20 juillet 1890.

Convention entre les Gouvernements de la République du Guatemala et de l'Empire allemand pour la protection des marques de fabrique. — Signée à à Guatemala le 17 juillet 1899.

Traité général entre les Républiques du Guatemala et du Costa-Rica. — Ce traité porte la date du 15 mai 1895.

Convention entre les Républiques du Guatemala et

du Salvador pour établir un service postal entre les deux pays. — L'échange des ratifications a eu lieu le 15 avril 1899.

Traité général entre les Républiques du Guatemala et du Honduras. — Ratifié le 20 janvier 1896.

Convention de paix, d'amitié et d'arbitrage obligatoire entre le Guatémala, le Honduras, le Salvador et le Nicaragua. — Signée à San-Salvador le 2 novembre 1904. — Par le fait de cette convention, le Guatémala se trouve avoir adhéré au Traité d'Arbitrage obligatoire signé à Mexico, le 29 janvier 1902, lors du deuxième Congrès Pan-Américain.

Convention relative à l'échange de colis postaux entre le Guatemala et les Etats-Unis. — Signée le 15 juin 1897 et ratifiée en décembre 1903.

Traité d'extradition entre le Guatemala et les Etats-Unis. — Mis en vigueur en 1905.

Convention entre le Guatemala et l'Espagne relative à l'exercice des professions libérales. — Mise en vigueur en 1905.

Adhésion du Guatemala à la Convention de Genève de 1864 et à la Convention de la Haye.

Traité de paix signé entre le Guatemala, le Salvador

et le Honduras, le 23 juillet 1906, à bord du vaisseau de guerre américain *Marblehead*.

Les intérêts français au Guatemala. — Malheureusement, le commerce français est seulement représenté par neuf maisons, dont le trafic principal est la rouennerie, les tissus, les nouveautés et l'article de Paris, la mercerie, les vins et cognacs, les conserves, la papeterie et librairie, la droguerie, etc. L'importance des capitaux immobilisés, tant en marchandises en magasin que ceux mis en œuvre pour achats annuels, est d'environ 1.600.000 fr. La valeur des marchandises venant directement de France, ou étant d'origine française, importées annuellement par les commerçants d'autres nationalités ou immobilisées en leurs magasins, peut être évaluée à plus du double que celles destinées à nos compatriotes.

Le Guatemala demande en Angleterre les cotonnades, les draps; en Allemagne, les tissus, les draps, la mercerie et l'article dit « de Paris », etc.; aux Etats-Unis, les conserves, les médicaments et la grosse droguerie.

La propriété agricole appartenant à des Français occupe une étendue de 19.700 hectares, dont 350 hectares sont plantés en caféiers, lesquels ont produit l'année dernière 6.800 sacs de café de 50 kilos chaque, soit 340.000 kilos, qui, au prix moyen de l'année, 40 fr. les 50 kil. dans la plantation, représentent une valeur de 272.000 francs. On doit observer que la majeure partie de ces caféiers est nouvellement plantée et que leur production augmentera annuellement.

La valeur du terrain de cette propriété, dans son ensemble, se divise ainsi qu'il suit :

350 hectares plantés en caféiers, à 223 francs chaque, = 78.050 fr.

3.600 hectares en prairies, à 112 francs chaque, = 403.200 fr.

5 hectares plantés en vignobles, à 224 francs chaque, = 1.120 fr.

2.600 hectares plantés en maïs et cultures diverses, à 52 fr., = 135.200 fr.

6.574 hectares de forêts avec bois de construction, à 25 fr., = 164.350 fr.

6.574 hectares en terrains incultes, à 12 francs, = 78.888 fr.

Ce qui fait un total de : 19.703 hectares et de 860.808 fr.

La propriété foncière française consistant en maisons d'habitations, sises au Guatemala, doit être estimée à environ 670.000, donnant un revenu annuel, en moyenne, de 5 %.

Les capitaux français engagés en actions des banques établis dans le pays s'élèvent à la somme de 550.000 fr. produisant un revenu annuel de 10 % en moyenne. Le capital français inverti en actions du Môle, au port de *San-José de Guatemala* est de 71.000 fr. donnant un revenu annuel de 20 à 25 %.

En résumé :

Les capitaux commerciaux s'élèvent à...	1.600.000	»
Les capitaux agricoles s'élèvent à.......	860.808	»
Les capitaux fonciers s'élèvent à........	670.000	»
Les capitaux actions s'élèvent à........	621.000	»
Total.....................	3.751.808 fr.	

Les intérêts français directs ne sont pas bien considérables au Guatemala; cependant il y a beaucoup d'articles qui arrivent de France, importés par des maisons étrangères; mais, de plus en plus, on sent la concurrence des Etats-Unis, du Japon et même de la Chine.

Pendant l'année 1901, le Guatemala a importé pour 21.300,000 fr. de marchandises et exporté pour 37.000.000 fr. dans lesquels le café seul entre pour une somme de 23.800.000 fr. La France vient au quatrième rang, après les Etats-Unis, l'Angleterre, l'Allemagne, aussi bien pour l'importation que pour l'exportation.

Il est regrettable de voir que la France importe si peu de café du Guatemala, qui pourtant est sensiblement supérieur à celui du Brésil, et que par notre inactivité commerciale nous cédions la place aux Allemands.

L'article français. — A maintes reprises, nous nous sommes efforcés de convaincre les exportateurs français de la nécessité absolue de tenir compte, plus qu'auparavant, des exigences de la clientèle étrangère. Nous leur avons recommandé, avec les économistes les plus autorisés, d'abandonner définitivement cette croyance que la supériorité évidente, l'élégance indéniable des articles français, suffisaient à nous assurer à jamais la fidélité de cette clientèle. En même temps, nous leur avons conseillé de se conformer plus fidèlement aux recommandations de leurs acheteurs, soit pour les produits eux-mêmes, soit pour la façon de les emballer. Enfin, nous avons dit qu'il était indispensable d'accorder à ces acheteurs les mêmes facilités de paiement que celles offertes par nos concurrents.

Le goût qui, à toute époque, a caractérisé notre production sous ses différentes formes nous valut une riche et nombreuse clientèle dont nous gardâmes longtemps la confiance. Il n'était pas nécessaire alors d'aller solliciter les ordres des acheteurs étrangers; ceux-ci, ayant la certitude d'écouler nos articles avec facilité et grand profit, venaient eux-mêmes faire leur choix et nous remettre leurs commandes. On ne pouvait rêver, en réalité, de situation plus favorable pour nos affaires d'exportation.

Mais tandis que nous nous laissions bercer par l'espoir que cette préférence nous était à jamais acquise, nos concurrents s'appliquaient à gagner, par toutes sortes de prévenances, les clients que nous considérions comme nous étant définitivement attachés;

en outre, de jeunes nations industrielles, l'Allemagne et les Etats-Unis, entraient en lice pour participer à la grande lutte économique, chaque jour plus sévère. Les négociants étrangers, assidûment visités par nos rivaux, et séduits par les avantages qui leur étaient offerts au point de vue des prix, des délais de paiement, oublièrent peu à peu le chemin de la France, et le cercle de nos débouchés alla se rétrécissant.

De toutes parts, le danger nous fut signalé. Après une très longue période d'hésitation, nous nous sommes enfin ressaisis — il est juste de le dire — et, à l'instar de nos voisins, nous avons commencé à envoyer des voyageurs de commerce dans les différents pays. Malheureusement, les agents, hélas ! encore trop rares, qui vont ainsi à la recherche des affaires voient leur bonne volonté et leurs efforts entravés par un obstacle qui se représente à peu près partout : la cherté de nos produits.

« Vos marchandises, leur dit-on, sont parfaites ; « nous reconnaissons volontiers leurs qualités de « solidité, de fini et d'élégance, mais elles atteignent « des prix excessifs. Il ne nous est possible d'en « trouver le placement qu'auprès de la clientèle

« aisée, voire riche ; les petites bourses sont inca-
« pables de s'offrir un tel luxe. Par conséquent, les
« ordres que nous pourrions vous remettre se
« trouvent de ce fait absolument limités. »

Ce raisonnement est des plus logiques. Il faut bien
se persuader, en effet, que le nombre des clients
aisés est minime, comparativement à la grande
masse des consommateurs ne disposant que de
modestes moyens, de sorte qu'en nous bornant à
fabriquer des articles de luxe, nous négligeons
inconsciemment des débouchés très importants. Des
quantités de commandes nous échappent pour cette
raison ; lisez les rapports de nos consuls — quoi
qu'on dise, certains contiennent de très utiles indications pour nos commerçants — et vous y verrez
une foule d'exemples typiques.

Nous péchons surtout par notre désir de faire
trop peu et trop bon.

Il est incontestable, en effet, que la consommation
manifeste une tendance de plus en plus marquée pour
les articles de prix modique. Ce fait est universel.
Il se produit à l'étranger comme sur nos propres
marchés. C'est ainsi que les tissus de grand prix qui

étaient autrefois le principal objet de la fabrication lyonnaise trouvent de moins en moins d'acheteurs et que les étoffes légères et peu coûteuses sont seules demandées. A Saint-Etienne, également, les articles de soie mélangée prennent une part de plus en plus grande dans la production totale.

Une autre raison, non moins importante que la première, pour laquelle nous sommes fréquemment évincés par nos concurrents, c'est que nous ne voulons pas nous astreindre à fournir à nos clients étrangers des articles conformes à leurs goûts et à leurs besoins ; nous prétendons toujours imposer nos modèles, nous n'admettons pas que l'acheteur puisse en concevoir d'autres que ceux de notre fabrication. Il résulte de cette erreur que les commandes dont nous pourrions profiter passent aux mains des industriels allemands, belges ou autrichiens, qui eux s'empressent de livrer exactement le produit tel qu'il convient à leur clientèle.

Aux Etats-Unis, par exemple, nous ne vendons plus que quelques poupées de luxe ; pour les articles courants, l'Allemagne nous a enlevé tout débouché, et cela parce que nous avons continué à faire des poupées françaises tandis que les Allemands se sont appliqués à s'inspirer, pour les accessoires, des habitudes et des goûts américains. C'est par le même procédé que les fabricants de Sonneberg sont parvenus à prendre une large place sur le marché anglais, qui, jadis, dédaignait leurs produits.

En Chine, l'Allemagne fournit un grand nombre de rasoirs, mais, pour arriver à ce résultat, elle s'est conformée strictement au modèle chinois.

La Belgique voit progresser chaque année le chiffre de ses exportations de bougies au Maroc, depuis qu'elle a adopté les types et les empaquetages usités dans ce pays.

Ces exemples que nous avons cités prouvent suffisamment la nécessité de modifier nos procédés industriels, afin de mieux répondre aux conditions de la vie moderne.

Certes, l'industrie française doit conserver jalousement sa fabrication d'articles de luxe, dont la réputation est universelle et qui seront toujours recherchés par la clientèle riche; mais, à côté de cela, il faut qu'elle s'attache à produire aussi des marchandises de vente courante, de prix modeste;

celles-ci. sortant de ses mains, auront toujours une apparence, un cachet et même une qualité intrinsèque qui les feront préférer aux articles similaires de nos compétiteurs.

D'autre part, continuons à faire accepter nos goûts là où on les apprécie, mais ne cherchons pas à les imposer; au contraire, sachons, le cas échéant, faire taire nos préférences personnelles et fabriquer exactement les modèles qui nous sont demandés.

Enfin, et chose au moins aussi importante que tout ce qui précède, il importe d'être de plus en plus exact dans l'exécution des commandes. Sous ce rapport, nos industriels ne sont pas exempts de reproches. Nous avons vu, par exemple, une grande fabrique d'eaux gazeuses et de bière être obligée d'interrompre ses travaux pendant une campagne entière parce que des machines commandées à de grands fabricants français n'étaient pas arrivées à temps et n'avaient pu être montées au moment des fortes chaleurs, c'est-à-dire à l'époque où commence la consommation des boissons.

Un fait de ce genre suffit quelquefois à détruire pour toujours la bonne renommée — justement acquise et au prix de longues années d'efforts — d'une maison de commerce ou d'une fabrique.

Syndicat d'exportation. — Les syndicats d'exportation ne viseront pas le moins du monde à accaparer quoi que ce soit, mais auront pour but de grouper en un puissant faisceau les moyens d'action dont disposent déjà plusieurs maisons de commerce pour lutter avec plus de succès contre la fraude et la concurrence étrangère et ouvrir aux produits français les nouveaux débouchés que nos industriels réclament avec juste raison.

Les syndicats d'exportation peuvent se plier à toutes les exigences en prenant des formes diverses, soit que les maisons intéressées conservent leur autonomie et limitent leur action commune à tel ou tel pays, soit que les maisons associées fusionnent complétement pour donner naissance à une nouvelle entreprise plus importante dont la marque, la raison sociale deviennent la propriété indivise des syndiqués.

Dans tous les cas, les associés apportent et mettent en commun leur activité, leurs capitaux et les relations commerciales qu'ils ont su se créer jusque-là.

Considérons un groupe de maisons de commerce exportant leurs produits au Guatemala, par exemple. Chacune d'elles, opérant séparément, aura un agent à la capitale et quelques autres représentants dans les principaux ports et dans deux ou trois villes de l'intérieur. Rarement un dépôt d'échantillons ou plus rarement encore un petit dépôt de marchandises est établi auprès de chacun des agents. Ceux-ci, lorsque la maison n'a pas de voyageur en titre, visitent plus ou moins régulièrement les villes secondaires de leur région.

Supposons que nos cinq ou six maisons, ne se contentant plus des résultats donnés par cette manière d'opérer, fusionnent en un syndicat d'exportation et, au lieu de se concurrencer mutuellement sur les marchés américains, s'attellent à la même besogne, lancent une affaire unique. Que d'avantages ne retireront-elles pas de cette coopération ?

Publicité, transports, dépôts, agents et voyageurs, sur tous ces chapitres elles pourront réduire leurs frais en même temps qu'elles en tireront un rendement supérieur par une meilleure organisation de leur service.

1o Publicité. — Il est indiscutable que les résultats obtenus par les maisons en question faisant bloc pour vulgariser un seul produit seront beaucoup plus satisfaisants pour chacune d'elle que ceux obtenus lorsque, disséminant leurs efforts, elles poussaient cinq ou six produits différents. Les envois de circulaires ou de catalogues par la poste, la réclame par voie de la presse ou par tous autres moyens en usage à l'étranger pourront être multipliés.

2o Transports. — Les frais d'expédition seront réduits au minimum par le fait que les marchandises chargées pour le compte du syndicat se trouveront groupées, au lieu de faire comme autrefois l'objet de plusieurs envois séparés. Le fret et le port seront diminués par ce groupage, en même temps que deviendront proportionnellement moins lourds les droits de toutes sortes : timbres français et certificats ou visas consulaires dont le coût accable les marchandises destinées au Guatemala.

3o Dépôts. — Des dépôts bien fournis pourront

être établis dans certaines agglomérations importantes où il n'en existait pas auparavant. Ce supplément de dépenses sera balancé par l'économie réalisée dans la fusion des divers dépôts que les syndiqués possédaient déjà dans les mêmes grands centres. Le dépôt général, dans chaque ville, diminuera les frais par la centralisation des affaires ; il pourra être mieux placé et mieux aménagé pour la bonne conservation des marchandises.

Les dépôts d'échantillons seront facilement multipliés.

4° Agents et voyageurs. — Les divers agents et voyageurs que possédaient les associés ne seront plus des concurrents se disputant la clientèle. Après la formation du syndicat, ils deviendront des collaborateurs intéressés au succès de l'œuvre commune ; ils n'en auront que plus de zèle et d'ardeur dans la recherche des clients nouveaux.

Sur chaque place on réduira le nombre des agents et on pourra en établir dans les villes où il n'en existait pas.

On évitera ainsi ce que font de nombreuses firmes bordelaises qui dédoublent leur raison sociale dans le but de pouvoir confier l'exclusivité de leurs produits à deux agents qui se font concurrence.

5° Siège social. — Au siège social également, la réunion des maisons syndiquées aménera une notable réduction dans les frais généraux.

Le personnel du syndicat — l'état-major pourrait-on dire — au recrutement duquel on ne saurait apporter trop de soins, puisque c'est lui qui doit seconder les efforts des directeurs, se composera surtout d'employés possédant parfaitement une ou plusieurs langues étrangères et ayant habité le pays avec lequel ils seront chargés de correspondre. On aura ainsi sous la main une réserve dans laquelle on pourra puiser pour remplacer au pied-levé un agent ou un voyageur venant à disparaître brusquement, et éviter de fâcheux à-coups dans la marche des affaires.

La centralisation des renseignements venus des nombreuses agences permettra à la direction de se tenir au courant des goûts, des habitudes de la clientèle et de modifier en conséquence la qualité des marchandises, leur emballage, la présentation des articles, les conditions de vente, etc., de manière à augmenter toujours la force d'attraction du syndicat.

Les syndicats d'exportation donnent donc les moyens, d'une part, de faire une réclame plus grande et mieux organisée donnant naissance à un courant d'affaires plus considérable et, d'autre part, de réaliser une importante réduction des frais, ce qui, avec des prix de ventes moindres, laisse un bénéfice plus large.

On voit donc que ces syndicats ne tarderaient pas à faire remonter considérablement le chiffre de nos exportations; ils contribueraient à alléger le marché national, et rendraient service à notre industrie nationale.

Loin d'être inquiétante, la fondation de pareilles associations est à souhaiter dans l'intérêt général.

Voies de communication terrestres et navigation intérieure. — *Chemins de fer de l'État.* — Le chemin de fer du Nord, qui doit relier le port de Puerto-Barrios avec la capitale, aura une longueur totale de 314 kilomètres. Il est exploité actuellement jusqu'au Rancho de San Agustin, c'est-à-dire sur un parcours de 216 kilomètres, à partir de Puerto-Barrios.

Les différentes sections de cette voie, au nombre de 7, et leurs longueurs s'établissent comme suit :

1re section,	Puerto-Barrios à Tenedores ...	29 kilom.
2e »	Tenedores à Los Amates.......	65 »
3e »	Los Amates à Gualan	34 »
4e »	Gualan à Zacapa	34 »
5e »	Zacapa au Ranchs de San Agustin	54 »
6e »	Rancho de San Agustin à Panajach	48 »
7e »	Panajach à Guatemala........	50 »
		314 kilom.

Une autre voie ferrée de l'État est l'embranchement d'Obéro à Iztapa. Elle a un parcours de 19 kilomètres et se détache du Chemin de fer Central, dont il sera question plus loin, à la station d'Obéro, pour se diriger sur Iztapa, station maritime un peu au-dessous de San-José.

Histoire financière de Ferrocarril del Norte. — L'entreprise de la construction du chemin de fer du Nord, commencé en 1892 et que le Gouvernement de Guatemala a voulu exécuter avec les propres ressources du pays, a coûté à celui-ci bien des sacrifices.

La base financière, objet du décret n° 207 du 21 avril 1893, a été l'émission de bons, avec la garantie de l'Etat, jusqu'à concurrence de 7 millions de piastres, portant intérêt de 6 p. c. l'an et amortissables à partir de 1899 par des tirages mensuels, avec une prime de 25 p. c.

Furent considérées comme souscriptions forcées, pendant cinq ans, les quantités de bons suivantes :

1° Les 10 p. c. des traitements et pensions des employés civils et militaires, à partir de 50 piastres mensuelles ;

2° Les 6 p. c. des revenus mensuels des municipalités ;

3° Les 3 p. m.' de contribution sur les biens immeubles.

A ces souscriptions, ledit décret du 28 avril 1893 ajouta les nouvelles contributions suivantes, pour cinq années également :

1° Une piastre additionnelle sur chaque quintal de café exporté ;

2° Un droit additionnel de 7 p. c. sur les droits d'importation

Le paiement des intérêts, paiement dont l'excédent devait être employé également à la construction du chemin de fer, était garanti par :

1° Le produit liquide du revenu du tabac;

2° Le produit de l'importation et de l'exportation du sel;

3° Le produit de l'impôt sur l'abatage du gros bétail;

4° Les 20 % des revenus destinés aux facultés de la République.

D'après le même décret du 21 avril 1893, les cinq premières années révolues étaient affectées au paiement des intérêts et à l'amortissement des bons : le revenu du tabac, le produit de l'exploitation du chemin de fer et celui de la vente des terrains de l'Etat par où la ligne ferrée devait passer.

Le 14 novembre 1895, le Gouvernement eut recours à l'emprunt et réalisa une opération financière au moyen de laquelle la maison Müller et Thomson, de Hambourg, mit à sa disposition 658.500 livres sterling à employer à la construction du chemin de fer du Nord. Par ce même contrat, le prêteur fut chargé jusqu'au 30 juin 1898 du service de la dette extérieure 4 % du Guatemala. Le Gouvernement, de son côté, s'obligea à payer un intérêt de 10 % annuellement, tant sur le prêt de

658.500 livres sterling que sur les sommes à débourser par la maison Müller et Thomson pour le service de ladite dette 4 % depuis le 1er décembre 1895 jusqu'au 30 juin 1898, date fixée pour l'amortissement complet de l'emprunt. En vue de cet amortissement, le Gouvernement transféra à la maison Müller et Thomson les revenus suivants :

1° L'excédent que le Gouvernement retirerait des droits d'exportation sur le café pour les récoltes 1895-1896, 1896-1897 et 1897-1898 (1) ;

2° Tous les revenus consacrés, à la date du contrat, à la construction du chemin de fer du Nord, et les produits de son exploitation depuis le 1er décembre 1895 jusqu'au 30 juin 1898 ;

3° Les 20 % en or (perçus à cette époque) des droits d'importation, également depuis le 1er décembre 1895 jusqu'au 30 juin 1898.

Le 20 décembre 1897, le contrat précédent fut modifié comme suit :

____

(1) Le decret du 21 avril 1893, en etablissant un droit additionnel de 1 piastre sur l'exportation du quintal de café, droit additionnel à consacrer à la construction du chemin de fer du Nord, avait par ce fait porté le droit total à 2 piastres par quintal.

Des revenus consacrés au chemin de fer du Nord, revenus qui, en vertu du contrat du 14 novembre 1894, étaient destinés à l'amortissement du crédit dont ce contrat était l'objet, furent éliminés les postes suivants, qui toutefois, d'après ce qui était énoncé dans le contrat modifié, devaient être employés par le Gouvernement à la construction et à la conservation de la ligne en question :

1º Les 10 % des traitements et pensions ;

2º Les 6 % des revenus mensuels des municipalités ;

3º Les 3 p. m. sur les immeubles ;

4º Le droit additionnel de 7 % sur les droits d'importation ;

5º Les souscriptions volontaires à l'émission des bons du 21 avril 1893 ;

6º Le produit du revenu du tabac ;

7º Le produit de l'importation et de l'élaboration du sel ;

8º Le produit de l'impôt sur l'abatage du gros bétail (2 piastres sur les 2.50 piastres fixées par tête par le décret du 12 octobre 1893) ;

9º Les 20 % des revenus destinés aux facultés ;

10° Les produits de la vente ou de l'exploitation des terrains de l'Etat dans le trajet de la ligne ;

11° Les produits de l'exploitation de la ligne.

Il fut stipulé en outre que la maison Müller et Thomson continuerait à recevoir les 20 % en or des droits d'entrée jusqu'au 30 juin 1898, date à laquelle le crédit, objet du contrat primitif, devait être complètement amorti. Si, après la liquidation, il restait un solde en faveur de la maison Müller et Thomson, elle recevrait la moitié desdits 20 % en or jusqu'à extinction complète de l'emprunt.

Enfin, le 23 mars 1898, un décret porta à la connaissance du public qu'en vue de terminer le plus promptement possible le chemin de fer du Nord, le Gouvernement était autorisé à conclure à cette fin les contrats nécessaires, avec faculté de vendre ou d'hypothéquer cette voie ferrée, sans préjudice de tiers, et aux conditions qui seraient jugées le plus avantageuses pour la nation.

Non seulement aucune suite ne put être donnée au décret précédent, la situation obérée du trésor de la République a même entraîné, dès le second semestre de 1898, à la cessation complète des travaux de parachèvement. En 1904, un nouveau contrat fut conclu avec MM. C. Keith et C. van Horne et les travaux ont repris à nouveau une certaine activité.

Chemins de fer faisant l'objet de concessions à des Compagnies particulières. — Nous citerons, en première ligne, comme étant actuellement la voie ferrée la plus importante du Guatemala, le *Chemin de fer Central*, entre le port de San-José et la capitale, se développant sur une longueur de 120 kilomètres.

Un *embranchement entre Santa Maria et Palulul* se détache de la ligne principale à la première de ces stations et atteint la seconde après un parcours d'environ 53 kilomètres.

Le contrat du 7 avril 1877, pour la construction de la ligne entre San José et Escuintla, stipule qu'après soixante-quatorze années du privilège, l'entreprise deviendra propriété nationale. Semblable cause existe dans le contrat du 13 juillet 1880, relatif à la construction de la voie entre Escuintla et Guatemala. Anticipant sur ces échéances, le 30 avril 1896, l'Assemblée législative autorisa le pouvoir exécutif à acquérir toute la ligne avec ses embranchements, dépendances et terrains, mais la situation financière du pays n'a pas permis jusqu'ici de réaliser ce projet.

Que garantie de 12 p. c. sur 1.200.000 piastres pendant vingt-cinq années pour la section de San José à Escuintla, et une subvention annuelle de 125.000 piastres pendant un même laps de temps pour la section d'Escuintla à Guatemala constituaient primitivement le concours financier de l'Etat. Actuellement, en vertu d'arrangements postérieurs, la Compagnie concessionnaire reçoit 84.000 piastres annuellement pour les deux sections.

Le *Chemin de fer occidental*, construit et exploité dans des conditions similaires à celles du chemin de fer central, met le port de Champerico en communication avec San Felipe, en passant par Rétalhuléu. Il se développe actuellement sur une longueur de 66 kilomètres, mais, conformément à un projet, il doit être poursuivi, par une autre Compagnie, jusqu'à Quézalténango. Un *embranchement* se dirigeant vers Mazaténango se détache de la voie principale à San Sébastian.

Cette voie ferrée reçoit une subvention annuelle de 20.000 piastres. Le contrat de concession fixe les conditions de construction de la voie et stipule également un tarif maximum.

Les autres chemins de fer en construction ou exploités par des Compagnies particulières sont :

Le *Chemin de fer de la Costa Cuca ou d'Ocos*, qui se dirige de ce port à Coatepeque, en passant par Ayutla. Il est en construction.

Le *Chemin de fer de la Verapaz*, dans le département de la Alta Verapaz, en exploitation entre Panzos et La Tinta, et en construction entre cette station et Tucuru, d'où son prolongement est projeté jusqu'à Coban.

Privilèges. — Dans ce qui précède, il a été question de privilèges. Il faut entendre par ce terme le droit exclusif de construction et d'exploitation d'une voie ferrée entre deux points déterminés, pour un terme de vingt-cinq ans, comme également le droit exclusif de construction et d'exploitation d'embranchements partant de la ligne principale dans une zone qui, en général, comprend à droite et à gauche de cette ligne une largeur de 10 milles ou 16 kilomètres. Pendant ces vingt-cinq ans de privilège, l'Etat s'interdit absolument de construire entre les deux points déterminés d'autres lignes concurrentes ou d'accorder des concessions dans ce but. Quant à des embranchements autres que ceux construits par la Compagnie concessionnaire, sauf le droit de préemption à exercer par cette dernière, l'Etat est libre.

Tableau des chemins de fer en exploitation, en construction ou projetés. — Le tableau suivant résume et complète, en ce qui concerne les chemins de fer en projet, ce que nous avons exposé relativement aux voies ferrées en exploitation ou en construction :

Chemins de fer en exploitation

	Kilomètres
État, P. Barrios à Rancho S. Agustin	215.6
» Obéro à Iztapa..................	19.3
Chemin de fer central, S. José à Guatemala.	120.7
» S. Maria à Patulul..	53.1
Chemin de fer occidental, Champérico à S. Felipe..................	66.0
Chemin de fer occidental, S. Sébastian à Mazaténango..................	19.3
Chemin de fer de la Alta Vérapaz, Panzos à La Tinta	32.2
	526.2

Chemins de fer en construction

Chemin de fer d'Ocos, Ocos à Coatepeque...	25.7
Chemin de fer de la Alta Vérapaz, La Tinta à Tucuru...	51.5
	77.2

Chemins de fer projetés

État, Rancho S. Agustin à Guatemala...	48.3
» Zacapa à S. Ana (Salvador)...	85.3
» Guatémala à Antigua...	95.7
» Escuintla à Barbéréno...	181.8
Chemin de fer central, Patulul à Pochuta...	29.0
Chemin de fer d'Ocos, Coatepeque à Las Mercédes...	14.5
Chemin de fer de la Alta Vérapaz, Tucuru à Coban...	58.7
Chemin de fer national de los Altos. S. Felipe à Quezaltenango...	67.6
	580.9

L'écartement de toutes les voies ferrées du Guatemala est de 3 pieds anglais, soit 914 millimètres.

Voies Decauville et tramways. — La capitale est reliée avec Guadulupe et Guarda Vierjo, deux petites localités distantes d'une demi-douzaine de kilomètres, au moyen de deux voies Decauville. Ces voies appartiennent à l'Etat, mais sont exploitées par le même concessionnaire.

On trouve, en outre, dans la capitale même une Compagnie de tramways à traction animale, possédant cinq lignes dans les principales directions. Le mouvement annuel est d'environ 1 million et demi de passagers.

Routes carrossables. — Le manque de bonnes routes est le principal obstacle au développement des relations commerciales entre les villes et les localités de moindre importance de l'intérieur. Aussi, dans bien des parties de la République, les transports de marchandises se font-ils encore à dos de mule. On peut néanmoins citer les routes carrossables suivantes :

De Guatemala à Quezaltenango, chef-lieu du département de ce nom et la deuxième ville de la République.

De Quezaltenango à San Marcos, chef-lieu du département de ce nom, près de la frontière mexicaine. San Marcos est le centre d'une importante région agricole.

De Quezaltenango à Retalhuleu, chef-lieu du département de ce nom, en pleine terre chaude.

De Retalhuleu à Mazatenango, chef-lieu du département de Suchitépéquez, à l'est de Retalhuleu.

De Guatemala à La Antigua, chef-lieu du département de Sacatepequez. La Antigua, distante d'environ neuf lieues de Guatemala, est l'ancienne capitale du pays, détruite en grande partie en 1773 par un tremblement de terre.

De La Antigua à Escuintla, chef-lieu du département ce ce nom et la principale station du Chemin de fer Central après Guatemala.

D'Escuintla à Santa Lucia, dans le département d'Escuintla, à l'ouest du chef-lieu.

De Guatemala à Cuajiniquilapa, chef-lieu du département de Santa Rosa, sur la route vers la République du Salvador.

De Guatemala à Jalapa, chef-lieu du département de ce nom, à l'est de Guatemala.

De Zacapa à Chiquimula, chefs-lieux respectivement des départements de ces noms, vers la frontière du Honduras.

De Coban à Panzos, respectivement chef-lieu et localité du département de la Alta Verapaz. Coban. port fluvial en communication avec Puerto-Barrios, jouit d'un excellent climat et se trouve au milieu de terres fertiles. Si on joint à cet avantage sa proximité de l'Atlantique, on est conduit à prédire à cette localité un rapide développement agricole.

Un assez grand nombre de services de diligences sont établis sur les routes de la République.

Le Chemin de fer Pan-Américain — Le projet du Chemin de fer Pan-Américain est une conception des plus grandioses.

Son exécution, qui placera l'entreprise parmi les grandes œuvres de l'avenir, suppose la coopération de quinze Républiques.

Les 5.000 milles de chemins de fer, reliés entre eux coûteront deux cent millions de piastres or et assureront une prospérité certaine dans l'hémisphère occidental, car, dès lors, New-York sera en communication directe avec Buenos-Aires, ainsi que la baie d'Hudson avec la Patagonie.

L'idée de réunir les pays du Nouveau-Monde par des voies ferrées n'est pas nouvelle.

Le premier qui l'a conçue a été Hinton R. Haber dans son livre *Three America Railway* (chemin de fer des trois Amériques).

Plusieurs citoyens Sud-Américains ont eu également la même pensée.

L'attraction magnétique que les entreprises de grande envergure exerce sur les grandes intelligences eut pour conséquence l'approbation enthousiaste du célèbre James G. Blaine, ainsi que d'Andrew Carnegie, savant d'un génie aussi pratique dont le rapport favorable fut présenté et adopté lors du premier congrès pan-américain qui eut lieu à Washington en 1890.

M. A. J. Cassatt, l'un des plus célèbres présidents des Conseils d'administration de Chemins de fer aux Etats-Unis, favorisa le projet au point d'accepter la présidence de la Commission d'enquête, et sous sa direction les experts parcoururent tout le continent américain.

M. Henry G. Davis, notable statisticien, qui de concert avec Carnegie étudia le projet au Congrès de 1890, fut un autre de ses dévoués partisans. Il fut délégué auprès du second Congrès pan-américain, qui se tint à Mexico en 1901, et fut président de la Commission qui formula les mesures afin d'obtenir l'action simultanée des différents Gouvernements;

plus tard, il accepta la présidence de la Commission permanente créée par ledit Congrès et dont la nomenclature des membres est internationale.

Il est évident qu'une telle voie ferrée ou plutôt une série de voies traversant douze ou quinze pays depuis les États-Unis jusqu'en Argentine avec ramifications latérales, ne peut devenir une réalité que moyennant une coopération internationale.

Le premier pas fait vers la complète communication directe est que chaque pays construise ses voies jusqu'aux limites nord et sud de la route panaméricaine.

Tous les Gouvernements américains suivent le plan adopté par les États-Unis pour la construction des voies transcontinentales, c'est-à-dire s'efforçant d'obtenir l'aide du fisc au moyen de concessions de terrains, de bons et d'autres formes de ressources ou d'argent en effectif obtenu sur des sections achevées.

De cette manière, on arrivera à l'unification graduelle des différents tronçons.

On peut affirmer aujourd'hui que, depuis le commencement de 1906, tout pays Centre et Sud-

Américain poursuit un plan tendant à adopter ses constructions de voies ferrées au système pan-américain, quelques-uns d'entre eux, tels que le Pérou et la Bolivie, ayant déjà promulgué des lois à cet effet. Tous ces pays sans exception favorisent la ligne principale internationale, surtout lorsqu'elle coïncide avec leurs plans pour leur développement intérieur et extérieur.

En ce qui concerne les Etats-Unis, le projet est le corollaire commercial de la doctrine de Monroë. L'influence morale tendra à augmenter la stabilité et à assurer le progrès politique des différentes Républiques latino-américaines, et, de plus, il s'en suivra un immense avantage pour tous, provenant du développement industriel et commercial et de l'influence réciproque apportée par l'ouverture du canal de Panama.

Au point de vue du côté pratique, l'entreprise présente trois faces : les besoins financiers, les conditions des travaux d'art et le trafic à installer.

Dès que le problème financier sera élucidé, la question sera considérablement simplifiée, surtout en ce qui concerne l'Argentine : il ne s'agit que de placer les rails et à perforer une faible partie des Andes, du côté du Pérou. En Colombie, il s'agira de construire des ponts au-dessus de précipices et de torrents.

Les nécessités financières d'une aussi grande entreprise doivent se juger d'après la solvabilité et les recours fiscaux des nations intéressées qui ont à offrir aux entrepreneurs des garanties d'Etat.

La construction de certaines sections de la voie directe pan-américaine par des sociétés particulières ne leur apportera aucun bénéfice effectif même longtemps après leur achèvement.

Il est donc essentiel de réfléchir sérieusement à l'aide qu'une République se croit capable de prêter à une entreprise particulière ou à ce que celle-ci sera en mesure de faire pour la construction des voies ferrées.

La solvabilité financière, l'intérêt principal gravitera autour de la question des travaux d'art plus ou moins difficultueux.

La direction générale du Chemin de fer Pan-Américain est de Nord-Ouest à Sud-Est, longeant les sinueux versants de la Cordillère des Andes.

Une voie ferrée directe et internationale doit former la grande artère; elle alimentera l'exploitation des produits naturels des diverses contrées traversées qui jusqu'à ce jour sont presque inconnues et fomentera l'immigration et la fondation de villes et de villages.

L'exploitation d'une longue colonne dorsale et de ses nombreux embranchements devra être la conséquence en partie du développement des richesses minérales, agricoles et forestières, et en même temps il devra être tenu compte des différences de climats. Il sera même facile d'éviter les chaleurs des tropiques en suivant la ligne des plateaux andins.

Comme l'a fait remarquer l'ingénieur Shunk, il est important de déterminer la direction des fleuves, leur profondeur, largeur et force de courants; les gués dans les montagnes et l'élévation de celles-ci au-dessus des vallées adjacentes. Tout ceci a été pris en considération dans le tracé intercontinental lorsque les études préliminaires furent effectuées de 1892 à 1898.

Cette exploration fut faite d'accord avec ce qu'avait décidé le premier congrès pan-américain.

Les fonds furent fournis par les Etats-Unis et par des contributions proportionnelles versées par les autres Etats intéressés.

Les diverses sections d'ingénieurs et géomètres eurent pour chef M. W. F. Shunk. Leur but était de déterminer s'il serait praticable ou non de construire une voie ferrée d'un coût abordable. Ils devaient, dans leur voyage d'étude et d'exploration, suivre une ligne déterminée et réunir toutes les données nécessaires en ce qui concerne les facilités ou les difficultés de la construction.

Ces délégués se divisèrent en trois groupes afin d'étudier le territoire compris entre la limite sud du Mexique et le nord de la Bolivie.

Les fonds n'étant pas suffisants, ils ne purent tracer les routes en Bolivie ni en Argentine, ni même au Venezuela, au Brésil et au Paraguay. Mais les premières études suffiront pour démontrer la possibilité d'établir un tronçon ou voie principale pan-américaine.

Les calculs se firent sur la base de quatre pour cent comme maximum de pente et de 359 pieds comme rayon de la moindre courbe admissible. (Nos lecteurs savent que le pied équivaut à 33 centimètres).

Les ingénieurs-explorateurs calculèrent les devis pour la graduation, la maçonnerie et les ponts pour l'établissement d'une voie étroite de 4 pieds 8 pouces et demi.

Le résultat de l'expédition jugé d'après l'ensemble des renseignements recueillis, des cartes et des croquis, est monumental, et ce travail, bien que préliminaire, mérite une approbation unanime, non seulement au point de vue technique, mais encore comme venant apporter de précieux renseignements à la géographie internationale.

Pour plus de clarté dans notre description, nous appellerons la ligne principale l'épine dorsale du tracé et ramifications les branchements latéraux.

Le point de départ est Ayutla, sur le fleuve Suchiate, sur la limite nord de Guatemala.

D'ailleurs, il sera possible de se rendre compte de la route à suivre par cette table ci-jointe de distances et d'élévations :

	Milles	Pieds
Ayutla (limite nord du Guatemala).	»	116
Rio Golfito (frontière de la Républi-blique de Panama	1.043	50
Rio Sucio (limite N-O. de la Colom-bie).	430	1.000
Rio Canchis (limite Sud de Colom-bie),	915	9.000
Rio Canchis (limite Sud de l'Equa-teur)	658	3.200
Rio Desaguadero (limite Sud du Pérou)	1.785	12.450
Rio Guiaca (frontière entre la Boli-vie et l'Argentine)	593	11.234
Total de milles	5.413	

Telle sera la véritable ligne intercontinentale.

Le voyageur qui tenterait aujourd'hui d'effectuer ce parcours devrait le faire rarement par voie ferrée, sinon la plupart du temps en diligence, en petits vapeurs, en canots, ayant à traverser des cours d'eau ou des forêts pour ainsi dire impénétrables.

Le touriste du vingtième siècle fera le voyage direct en chemin de fer et, de son confortable wagon, il pourra contempler les précipices béants et les fleuves coulant en torrents; tantôt défileront sous ses yeux des vallées et des montagnes couvertes de verdure tropicale pour voir plus loin les montagnes arides et dénudées des régions andines au sommet desquelles sont amoncelées des neiges éternelles.

Le projet pan-américain requiert donc en chiffres ronds la consommation d'une série de lignes dont le parcours total sera de 4.000 milles, et le point terminus sera Buenes-Ayres, ville destinée à être à tout jamais la grande métropole du continent américain.

Navigation intérieure. — Du côté du Pacifique, le terrain monte rapidement, et les rivières, à cause de la vitesse de leurs eaux et de leur parcours relativement faible, ne se prêtent guère à la navigation. On ne peut citer dans ces régions que le Michatoya et le Naranjo, se jetant dans le Pacifique respectivement à Iztapa et à Ocos, qui soient navigables sur de faibles distances, pour de petites embarcations.

Sur le versant de l'Atlantique, la configuration du terrain a donné naissance à quelques cours d'eau remarquables, parmi lesquels nous citerons surtout le Polochic, sur lequel existe une navigation régulière à vapeur entre le port de Livingston et Panzos.

De petites embarcations remontent même le fleuve jusqu'à Cahaboncito.

Le Motagua ensuite, autre fleuve important, qui débouche, comme le précédent, dans la mer des Antilles, est navigable depuis Gualan, localité sur la frontière des départements de Zacapa et d'Izabal.

La rivière de la Pasion, qui prend naissance dans la partie montagneuse du département du Peten, à l'ouest du Honduras britannique, et se dirige vers la frontière du Mexique, est navigable après avoir reçu les eaux du Chajmazic.

Le Chixoy, formé par la confluence du Blanco et du Negro, se dirige du sud au nord et forme, sur une partie de son parcours, la frontière entre le Guatemala et le Mexique. Il est navigable dans la partie inférieure de son trajet, depuis Rocumoha, pour des embarcations de peu de tirant d'eau.

Les deux dernières rivières réunissent leurs eaux sur la frontière du Mexique et forment le fleuve Usumacinta, qui continue, sur une partie de son parcours, à tracer la frontière entre le Guatemala et le Mexique. De petites embarcations encore peuvent utiliser cette partie du fleuve.

Enfin, le 8 mars 1902, a été approuvé un contrat en vue de l'établissement d'un service de navigation à vapeur sur le lac d'Atitlan, dans le département de Solola.

Postes. — Le Guatemala possède 276 bureaux de poste.

Le mouvement des correspondances a donné lieu pendant l'année 1904 à un échange de 9.183.944 objets.

Le service postal est fait avec activité et ne laisse rien à désirer.

Le Guatemala fait partie de l'Union Postale universelle.

Télégraphes. — Le réseau télégraphique établi dans la République comprenait en 1904 une longueur de 4.998 kilomètres.

Il y a 176 bureaux télégraphiques, desservis par un personnel de 706 employés.

Les lignes télégraphiques du Guatemala sont directement rattachées avec celles des pays limithrophes : Mexique, Salvador et Honduras.

Le tarif télégraphique en vigueur est, pour l'intérieur du Guatemala, et à destination des autres Républiques de l'Amérique centrale :

37 centavos pour les 5 premiers mots, et 25 centavos par chaque 5 mots additionnels.

Câble sous-marin. — La République est en communication avec tous les pays civilisés, au moyen du câble sous-marin établi en 1893 dans le port de San-José.

Le mot coûte 3 fr. 75 pour la France.

Téléphones. — On a établi le service téléphonique dans la capitale, à Quezaltenango et à la Costa-Cuca.

On communique téléphoniquement de Chiquimula à Zacapa, et de Guatemala à Ciudad-Vieja et Guadalupe.

Le réseau établi dans la capitale relie celle-ci aux deux faubourgs les plus éloignés du centre : le faubourg La Paz et le faubourg Indépendance.

Le service établi entre Guatemala, la Antigua, Quezaltenango et San-Marcos est aussi parfait que possible.

A l'heure actuelle, le réseau téléphonique comprend 1.305 appareils.

Monnaies. — L'unité monétaire est le *peso* d'argent, qui a une valeur nominale de 5 francs.

Or	. . . .	Pièces de 5 00	pesos
		» » 2 50	»
		» » 1 00	»
Argent	. . . .	Pièces de 1 00	peso
		» » 0 50	»
		» » 0 25	»
		» » 0 125	»
		» » 0 0625	»
		» » 0 03125	»
Cuivre	. . . .	Pièces de 0 01	»

Le décret du 9 juin 1899 a établi le cours forcé des billets de banque. Il y en a de 1/2, de 1, de 5, de 20, de 25, de 100 et de 500 pesos. Le peso ou piastre se divise en 100 centavos.

Le change s'établit par la quantité de pesos papier qu'il faut ajouter à 100 pesos de cette monnaie pour correspondre à 100 pesos or (20 livres sterling, 100 dollars ou 500 francs). Ainsi, le change au 1er juin 1905 était de 1,165 p. c. à vue sur Paris, ce qui veut dire qu'il fallait payer 1.165 + 100 = 1.265 pesos papier pour obtenir 500 francs.

Poids et mesures. — Le système métrique a été adopté, mais en pratique on se sert des poids et mesures ayant pour base le système espagnol, auquel quelques légères modifications ont été apportées pour des causes locales. Voici les principaux :

Le quintal se divise en 100 livres ou 4 arobes ; la livre pèse 0 kilog. 46009.

La mesure agraire généralement en usage est la caballeria, qui se divise en 64 manzanas ; la manzana correspond à un carré de 100 varas de côté ; la vara mesurant 836 millimètres, il en résulte que 1 manzana égale 6.989 mètres carrés, et 1 caballeria égale 44 3/4 hectares.

Pour la vente des bois, on emploie le pied anglais.

Circulation métallique et fiduciaire. — Depuis le décret du 9 juin 1899, qui a établi que les billets représentent la monnaie légale et qu'ils ont le pouvoir d'éteindre toute dette, même au cas où des documents ou des actes stipuleraient expressément le paiement en monnaie effective, le pays se trouve sous le régime du papier-monnaie à cours forcé.

L'unité monétaire est la piastre-argent de 25 grammes à 900 millièmes de fin, mais, comme elle a complètement disparu de la circulation, elle est représentée actuellement par le billet de même valeur nominale.

La circulation fiduciaire est composée de celle de chacune des six banques existant dans le pays et de l'émission de 6 millions de piastres que le comité des banques *(comite bancario)* a été autorisé à faire, avec la garantie de l'Etat, en vertu du décret du 29 octobre 1898 (1).

Le tableau suivant donne le détail de la circulation fiduciaire des banques à la date des derniers bilans publiés : 30 juin 1902, 31 décembre 1901 et au 30 juin 1899 :

Banques	30 juin 1902 Piastres	31 déc. 1901 Piastres	30 juin 1899 Piastres	Différences Piastres
Agricole hypothéc	2.247.258	—	1.882 438	+ 364.820
Guatemala........	7.873.996	—	2 927.157	+ 4.946 839
Internationale....	4.602.012	—	2.166.516	+ 2.435.496
Colombienne......	329.802	—	83.958	+ 245 844
Occident	—	6.626.075	2.533.781	+ 4.092.294
Américaine	275.460	—	626.201	— 350.744
	15.328 528	6.626.075		
Totaux....		21 954.603	10.220 051	+ 11.734.552

(1) Nous faisons abstraction ici de 34.445 piastres en billets du Trésor qui restaient en circulation au 31 décembre 1901, mais que l'Etat retire successivement.

Depuis le 30 juin 1899 et jusqu'à la date des derniers bilans, l'émission particulière des banques, prise dans son ensemble, a donc subi l'augmentation considérable de 21.954.603 — 10 millions 220.051 = 11.734.552 piastres. De plus, à la circulation actuelle des banques, il faut ajouter les 6 millions de piastres (le chiffre exact de cette circulation est de 5.999.972 piastres) que le comité des banques (*comite bancario*) a été autorisé à émettre, en vertu du décret déjà cité du 29 octobre 1898, de sorte que la circulation fiduciaire actuelle totale de la République peut être estimée à environ 28 millions de piastres.

La monnaie divisionnaire du Guatemala se compose de pièces de nickel de 1 1/2 et 1/4 réal (8 réaux = 1 piastre). Il en a été émis pour 2.500.000 piastres.

Change. — Le taux du change est donné au Guatemala par la prime sur l'or, ou, en d'autres termes, par la quantité de piastres en monnaie du pays qu'il faut ajouter à 100 piastres de cette même monnaie pour obtenir 100 piastres-or. Ces dernières, selon qu'elles représentent 20 livres sterling, 100 dollars-or américains, 400 marcs ou 500 francs, ont naturellement un change un peu différent.

Jusqu'en 1896, le change s'était maintenu entre des limites favorables au Guatemala, mais, à partir de 1897, la baisse du café, de très loin le plus important article d'exportation du pays, s'étant fortement accentuée, et la situation économique en ayant été fortement atteinte, le change, depuis lors, n'a pas manqué de présenter des cotes défavorables et même d'année en année plus élevées.

En ce qui concerne le change à vue sur Paris, voici, depuis 1895, les chiffres indiquant la cote au 31 décembre de chaque année et à la fin de quelques mois de l'année en cours :

31 déc.	1895, 109	% de prime	28 février 1902.	613	% de prime
»	1896, 130	»	31 mars »	646	»
»	1897, 150	»	30 avril »	718	»
»	1898. 215	»	31 mai »	708	»
»	1899, 555	»	30 juin »	695	»
»	1900, 442	»	31 juillet »	721	»
»	1901, 578	»	31 août »	728	»
31 janv.	1902, 582	»	30 septem. »	727	»

Banques. — La République compte six établissements de crédit : la *Banque agricole hypo-*

thécaire, la *Banque de Guatemala*, la *Banque internationale de Guatemala*, la *Banque colombienne*, la *Banque d'Occident* et la *Banque américaine*.

Conformément aux derniers bilans publiés, voici des renseignements généraux sur ces établissements :

Banque agricole hypothécaire (bilan au 30 juin 1902) : Capital autorisé, 12 millions de piastres; capital souscrit, 8 millions de piastres; capital versé, 4 millions de piastres; fonds de réserve, 860.000 piastres; fonds de prévision, 83.525 piastres; nombre d'actions, 2.000 (pair, 2.000 piastres).

Banque de Guatemala (bilan au 30 juin 1902), directeur, M. Carlos Galluser : Capital autorisé, 10 millions de piastres; capital souscrit, 2.500.000 piastres; capital versé, 2 millions de piastres; fonds de réserve, 532.890 piastres; fonds de prévision, 284.000 piastres; nombre d'actions, 2.500 (pair, 800 piastres).

Banque internationale de Guatemala (bilan au 30 juin 1902), directeur, M. Carlos B. Pullis : Capital autorisé, 3 millions de piastres; capital souscrit, 2 millions de piastres; capital versé,

1.900.000 piastres; fonds de réserve, 1.453.000 piastres; fonds de prévision, 91.564 piastres; nombre d'actions, 1.000 (pair, 1.900 piastres).

Banque colombienne (bilan au 30 juin 1902), directeur, M. F.-L. de Villa : Capital versé, 1.776.000 piastres; fonds de réserve, 620.593 piastres; fonds de prévision, 170.644 piastres; fonds pour dividendes, 35.743 piastres; nombre d'actions, 1.776 (pair, 1.000 piastres).

Banque d'Occident (bilan au 31 décembre 1901), directeur, M. Rufino Ibarguen : Capital autorisé, 2 millions de piastres; capital versé, 1.650.000 piastres; fonds de réserve, 850.000 piastres; fonds de prévision, 409.330 piastres; nombre d'actions, 16.500 (pair, 1.000 piastres).

Banque américaine (bilan au 30 juin 1902), directeur, M. A. Beckford : Capital souscrit, 1.200.000 piastres; capital versé, 720.000 piastres; fonds de réserve, 107.000 piastres; fonds de prévision, 94.997 piastres; nombre d'actions, 1.200 (pair, 600 piastres).

Les derniers bilans semestriels s'établissent comme suit. (Voir tableau) :

	Banque agric. hypothécaire (30 juin 1902) Piastres	Banque de Guatemala (30 juin 1902) Piastres	Banque intern. de Guatemala (30 juin 1902) Piastres	Banque colombienne (30 juin 1902) Piastres	Banque d'Occident (31 déc. 1901) Piastres	Banque américaine (30 juin 1902) Piastres
Caisse : Métallique(1)...............	231.076	582.359	65.129	227.712	268.749	292.014
» Billets et chèques d'aut. banq.	1.430.274	1.737.831	322.380	227.649	413.157	1.598.890
» Agences (métall. et bilets).	33.760	144.696	189.097	8.808	—	35.654
Portefeuille.......................	7.054.954	5.575.589	5.742.893	1.653.694	10.478.639	2.732.577
Actions et valeurs diverses.......	114.085	587.520	1.196.144	111.864	263.665	—
Débiteurs divers..................	104.055	2.644.908(3)	2.079.386	773.882	1.089.527(5)	315.212
Propriétés immeubles et mobilier.	554.659	1.026.865	1.383.826	744.621	351.880	332.400(6)
Divers.............................	84.000	—	315.000	35.125	213.039	7.000
Total de l'actif........	9.626.863	12.299.768	11.293.855	3.883.355	13.079.556	5.314.026
Capital versé.....................	4.000.000	2.000.000	1.900.000	1.776.000	1.650.000	720.000
Fonds de réserve et fds de prévision	943.525	816.890	1.544.564	791.236	1.259.330	203.907
Dépôts(2)	1.878.910	1.251.848	2.618.678	537.894	2.302.850	3.893.835
Créditeurs divers.................	302.107	192.991	441.244	224.365	647.958	141.289
Billets en circulation.............	2.247.258	7.873.996	4.602.012	329.802	6.626.075	275.460
Divers.............................	35.063	39.043	37.357	94.138(4)	428.343	9.445
Dividende semestriel.............	220.000	125.000	150.000	79.920	165.000	72.000
Total du passif........	9.626.863	12.299.768	11.293.855	3.883.355	13.079.556	5.314.026

(1) L'encaisse métallique se compose presque exclusivement d'argent et de monnaie divisionnaire de nickel, avec relativement très peu d'or.

(2) De loin, la plus forte partie des dépôts est constituée par des dépôts à vue.

(3) Y compris la dette du gouvernement pour 1.665.126 piastres.

(4) Y compris le fonds de dividendes s'élevant à 35.743 piastres.

(5) Y compris une certaine somme en consolidés anglais.

(6) Y compris une certaine somme en valeurs publiques.

Conformément à ces bilans, les dividendes semestriels par action ressortent comme suit :

Banque agricole hypothécaire : 110 piastres par action, soit 8.8 % annuel sur 2.500 piastres, valeur cotée de ces actions au mois d'août 1902 (pair, 2.000 piastres).

Banque de Guatemala : 50 piastres par action, soit 11.5 % annuel sur 870 piastres, valeur cotée de ces actions au mois d'août 1902 (pair, 800 piastres).

Banque internationale de Guatemala : 150 piastres par action, soit 9.7 % annuel sur 3.100 piastres, valeur cotée de ces actions au mois d'août 1902 (pair, 1.900 piastres).

Banque colombienne : 45 piastres par action, soit 6.4 % annuel sur 1.400 piastres, valeur cotée de ces actions au mois d'août 1902 (pair, 1.000 piastres).

Banque d'Orient : 10 piastres par action, soit 10.5 % sur 190 piastres, valeur cotée de ces actions au mois de mars 1902 (pair, 1.000 piastres).

Banque américicaine : 60 piastres par action, soit 7.7 % annuel sur 1.550 piastres, valeur cotée de ces actions au mois d'août 1902 (600 piastres).

Les bilans que nous venons d'exposer montrent que les banques guatémaliennes se trouvent présentement dans une situation en général fort anormale et cela au triple point de vue de l'encaisse métallique, du montant de leur émission et de l'importance des dépôts à vue.

Relativement au premier point, si l'on fait exception pour la Banque colombienne et la Banque américaine, la garantie de l'encaisse métallique à l'égard de la circulation fiduciaire est devenue complètement illusoire. Au fond cependant, *dans les circonstances actuelles,* le billet ayant cours forcé et son remboursement en métal ne pouvant donc être exigé, le chiffre de l'encaisse métallique a moins d'importance directe pour les porteurs des billets ; mais il n'en est pas moins vrai que l'absence d'une garantie suffisante ne peut que contribuer à la dépréciation de ces derniers.

Quant au montant de l'émission, l'examen des bilans de la Banque de Guatemala, de la Banque internationale de Guatemala et de la Banque d'Occident indique que, pour ces établissements, toute relation entre le capital versé et l'émission a été rompue. Depuis le bilan du 30 juin 1899, ils ont plus que doublé leur circulation, et il est tout naturel d'attribuer à cet accroissement de papier-monnaie une part importante dans la dépréciation fort notable qu'il a subie depuis lors.

L'émission des banques faisant l'objet de concessions et n'étant limitée par aucune loi spéciale sur la matière (1), on comprend qu'en présence des pressants besoins d'argent que le Gouvernement a éprouvés dans ces dernières années, ces concessions ont été octroyées avec une fort grande libéralité.

Enfin, l'importance des dépôts à vue figurant au passif des bilans de la Banque internationale de Guatemala, de la Banque d'Occident et de la Banque américaine, en présence d'une encaisse totale (métallique, billets et chèques) de beaucoup insuffisante pour parer à un retrait inopiné d'une grande partie

---

(1) Le décret n° 530, du 6 mai 1902, a institué une inspection des établissements de crédit de la part de l'Etat. Relativement à l'émission des billets, l'article 8 de ce décret se borne à prescrire qu'à l'avenir et pour tout le temps que restera en vigueur le décret n° 595 (décret du 9 juin 1899). les établissements de banque, pour faire de nouvelles émissions de billets au porteur, auront à satisfaire préalablement aux deux conditions suivantes :

1• Arrêter le montant de la nouvelle émission comme point résolutoire, qui sera consigné dans un procès-verbal spécial; 2° Obtenir l'approbation du Gouvernement.

ou de la totalité de ces dépôts, constitue encore une situation bien anormale. En cas de besoin, évidemment, ces établissements compteraient sur leur portefeuille, mais la réalisation de celui-ci à un moment précis, ou du moins à bref délai, offre quelquefois bien des difficultés.

Revenus. — L'année 1896 marque l'apogée des ressources ordinaires de la République. Après avoir subi depuis cette époque une diminution très notable, elles ont accusé, dans ces dernières années, des chiffres de nouveau plus élevés, ainsi que le montre le tableau suivant, qui en donne le produit brut, c'est-à-dire les frais de perception non défalqués, exprimé en piastres de monnaie nationale.

Ce n'est que depuis les deux dernières années que les documents officiels du Guatemala renseignent séparément les recettes provenant de ressources extraordinaires et spéciales, ce qui permet de tracer comme suit, pour les deux années 1900 et 1901, le tableau des recettes totales :

	1900	1901
Ressources ordinaires.	8.860.947 piastres	14.444.330 piastres
Ressources extraordinaires et spéciales..	3.709.806 »	1.765.095 »
Total.....	12.570.753 piastres	16.209.435 piastres

Recettes provenant des ressources ordinaires

	1896	1897	1900	1901
Douanes (importation)	5.988.600	3.655.304	1 317.232	2.433.690(1)
» (exportation)	1.277.170	1.492.823	1 473.881	4.719 487
» (rembarquements, amendes, etc.)	269	203	—	16.639
» (change, etc.)(2)	1.718.378	1.661.797	618.830	1.343.446
Monopole des alcools	3.431.704	3.223.756	3.190.842	3.534.900
Monopoles du tabac, de la poudre, du salpêtre et des cartouches	353.541	322.413	177.963	240 993
Papier timbrés, etc.	451.514	303 413	321.934	309 813
Contributions diverses	1.617.504	1.446.433	1.332.921	1 341 433
Télégraphes, postes et hôtel des monnaies (3)	309.061	283 599	354.351	503.930
Total	15.150.741	12.479.741	8.860.947	14.444 330

(1) La raison de la forte augmentation des droits d'exportation en 1911 résidence que le droit d'exportation sur le café a été porté, depuis le 1er juillet 1900, de 2 à 6 piastres de monnaie nationale.

(2) Ce poste correspond à la partie des droits de douane acquittée en or et traduite en monnaie nationale (piastres-argent ou en piastres-papier), conformément au change. Les droits sur l'exportation du café n'étant plus perçus en or depuis le 1er juillet 1898; ce poste, à partir de l'exercice 1899, ne correspond plus qu'à la partie payable en or des droits d'importation.

(3) Les documents statistiques du Guatemala ne font pas mention des recettes des chemins de fer, parce que toutes les lignes, même celles construites par l'Etat, sont exploitées par des compagnies particulières.

Dépenses. — Les dépenses totales pour les deux derniers exercices s'établissent comme suit :

	1900	1901
Services ordinaires....	9 400 965 piastres	11.198.968 piastres
Service financier et services speciaux.......	3.007.234 »	4.816.430 »
Total......	12.408 199 piatres	16.015.398 piastres

Si l'on compare maintenant les recettes provenant des ressources ordinaires, recettes qui ont été consignées au paragraphe précédent, avec les dépenses totales, indiquées ci-dessus, on obtient pour les deux derniers exercices la situation suivante :

ANNÉES	Recettes des ressources ordinaires Piastres	Dépenses totales Piastres	Différence
1900..........	8.860.947	12 408.199	— 3.574.252
1901..........	14.444.330	16.015.198	— 1.571 068

Les recettes provenant des ressources ordinaires ne couvrent donc pas les dépenses totales, et, comme cette situation dure depuis quelques années déjà, il ne faut pas s'étonner des fréquents emprunts que la République a dû faire pendant cette période. Aussi, son passif, même en tenant compte de la part considérable qui doit être attribuée à la hausse du change, s'est accru dans de notables proportions.

Dette intérieure. — La dette intérieure comprend la dette intérieure consolidée, la dette flottante, les emprunts contractés à l'intérieur, les billets du Trésor et les billets du Comité des banques (Comité Bancario) émis avec la garantie de l'Etat. Ainsi subdivisée, la dette intérieure se présente comme suit au 31 décembre des six dernières années. (Voir tabl.)

L'augmentation de la dette intérieure depuis le 31 décembre 1896 jusqu'à la date correspondante de 1901 est donc de 20.379.839 — 2.947.520 = 17.432.311 piastres.

Dette extérieure. — La dette extérieure, à son tour, se compose d'une dette extérieure consolidée et d'emprunts contractés avec des maisons étrangères. Voici la situation, en livres sterling, au 31 décembre des six dernières années :

	1896 Liv. sterling	1897 Liv. sterling	1898 Liv. sterling
Dette extérieure 4 %.....	1.549.940	1.507.480	1.482.800
Emprunt contracté avec la maison Müller et Thomsen (1895)...............	459.875	205.750	55.125
Emprunt contracté avec un syndicat allemand, au mois de décembre 1897..	—	147.000	126.400
Emprunt contracté avec le même syndicat allemand, au mois d'août 1898	—	—	40.650
Total......	2.009.815	1.860.230	1.704.975

	1896	1899	1900	1901
	Piastres	Piastres	Piastres	Piastres
Actions du chemin de fer du Nord..............	—	586.301	586.301	577.946
Obligations du chemin de fer du Nord..........	—	2.715.688	2.865.364	3.035.817
» » de Verapaz..........	—	90.355	90.355	90.355
» » à Antigua	—	20	20	20
» de la nouvelle dette intérieure (1898)	—	4.015.382	4.575.199	5.031.075
» de l'ancienne dette intérieure........	—	4.877	4.877	4.877
» de la dette flottante................	512.907	3.268	3.002	3.002
» de l'empr. de 3.000 de piastres (1891)	1.466.340	3.437	3.437	3.437
» militaires extraordinaires..........	—	1.684	1.684	1.684
» de l'exposition Centre-Américaine..	904.000	—	—	—
Dette flottante	28.545	28.545	28.545	28.545
Emprunt du 21 mai 1897 fait aux banques du pays	—	—	—	—
— du 21 septembre 1897..............	—	274.290	175.969	171.039
— du 28 aout 1899 fait aux banques du pays	—	4.272.740	5.440.927	5.244.617
— du 12 décembre 1899 fait aux banques cu pays..........................	—	312.500	332.351	152.028
Billets du tresor..........................	35.736	34.485	34.460	34.445
— du comité des banques................	—	5.999.972	5.999.972	5.999.972
Total.............	2.947.528	18.343.324	20.142.043	20.376.839

	1899	1900	1901
	Liv. sterling	Liv. sterling	Liv. sterling
Dette extérieure 4 %...	1.542.112	1.601.424	1.662.515 07-02
Emprunt contracté avec la maison Müller et Thomsen (1895).......	39.275	—	—
Emprunt contracté avec un syndicat allemand, au mois de décembre 1897	101.500	—	—
Emprunt contracté avec le même syndicat allemand, au mois d'août 1898	24.850	—	—
Emprunt unifié formé des trois emprunts précédents..........	—	144.390	63;273-05-08
Total....	1.707.737	1.745.814	1.725.788-12-10

Si l'on traduit les livres sterling en piastres de monnaie nationale, conformément aux indications sur le change précédemment données, on arrive aux résultats suivants :

Au 31 décembre	Liv. sterling	Piastres-or	Piastres nationales	Change à vue sur Paris
1896.....	2.009.815	10.049.075	23.112.873	130 %
1897....	1.860.230	9.301.150	23.252.875	150 »
1898....	1.704.975	8.524.875	26.853.356	215 »
1899....	1.707.737	8.538.685	55.928.387	555 »
1900....	1.745.814	8.729.070	47.311.559	442 »
1901....	1.725.788	8.628.943	58.504.234	578 »

On se rend compte par ces chiffres de l'accroissement considérable qu'a subi la dette extérieure exprimée en monnaie du pays, par suite de la hausse du change pendant les six dernières années. Cet accroissement est en effet de 58.504.234 — 23 millions 112.873 = 35.391.361 piastres.

Résumant les chiffres établis dans le présent paragraphe et ceux qui ont été consignés dans le précédent, la dette totale du Guatemala, exprimée en piastres de monnaie nationale, accuse les chiffres suivants, au 31 décembre des six dernières années :

31 décembre	Dette intérieure Piastres	Dette extérieure Piastres	Dette totale Piastres
1896	2.947.528	23.112.873	26.060.401
1897	8.088.552	23.252.873	31.341.427
1898	8.685.766	26.853.356	35.539.122
1899	18.343.524	55.928.387	74.271.931
1900	20.142.064	47.311.559	67.453.623
1901	20.379.839	58.504.234	78.884.073

L'augmentation, depuis le 31 décembre 1896 jusqu'à la date correspondante de 1901, est donc de 78.884.073 — 26.060.401 = 52.823.672 piastres.

La dette extérieure consolidée 4 % ayant fait l'objet de négociations importantes entre le Gouvernement de la République et le « Conseil des porteurs d'obligations étrangères » (The Council of Foreign

Bondholders), de Londres, agissant de concert avec le « Comité des porteurs d'obligations de la dette extérieure de Guatemala », il y a lieu d'exposer ici les circonstances qui ont amené ces négociations et les dispositions nouvelles proposées pour établir le service de la dette extérieure sur de nouvelles bases.

En 1887, après une première et longue suspension du service de la dette extérieure du Guatemala, les intéressés ayant consenti à des sacrifices fort importants, ce service, auquel fut alors assignée une partie des droits de douane, fut repris pendant les six années suivantes, au bout desquelles les paiements subirent un nouvel arrêt.

Cette deuxième interruption dans le service de la dette extérieure dura jusqu'en 1895, quand, par un décret du 27 août de cette même année, furent unifiées et consolidées en une seule dette les dettes du Guatemala alors existantes, c'est-à-dire la dette intérieure et la dette extérieure, et cette nouvelle dette, qui reçut le nom de « dette extérieure du Guatemala 4 % », fut portée au chiffre de 1 million 600.000 livres sterling.

Outre l'intérêt annuel de 4 %, payable en or et semestriellement, à Londres, une somme de 15.000 livres sterling par an fut destinée aux amortissements, qui devaient être également opérés tous les six mois. Et, pour assurer le service de cette nouvelle dette unifiée et consolidée, il fut arrêté que l'impôt alors perçu sur l'exportation du café, soit 1 1/2 piastre-or (6 shillings de monnaie anglaise) par quintal, serait maintenu pendant dix années, à partir du 1er juillet 1895.

L'année suivante, en 1896, en vertu d'un nouvel arrangement, le Gouvernement de la République s'obligea à remettre les bons créés en réprésentation du droit sur l'exportation du café, à la Banque de Guatémala, agent des porteurs d'obligations de la dette extérieure, laquelle banque devait remettre, en priorité, sur le produit desdits bons, à la Deutsche Bank, de Londres, les sommes nécessaires à assurer le service de la dette.

Cependant, en décembre 1897, le Gouvernement, sans consulter les porteurs d'obligations, céda les bons d'exportation du café à un syndicat allemand, avec l'obligation, il est vrai, pour ce dernier, de se charger du service de la dette extérieure.

Peu de temps après, en avril 1898, le Gouvernement réduisit le droit sur l'exportation du café, encore sans consulter les porteurs d'obligations, de 1 1/2 piastre-or (6 shillings) à 1 piastre-argent (2 shillings), et le résultat de cette mesure financière fut que bientôt le syndicat allemand se déclara dans l'impossibilité de continuer le service de la dette extérieure. Le coupon du 30 juin 1898 avait été payé et, à cette même date, 117.200 livres sterling avaient été amorties sur les 1.600.000 livres sterling constituant le capital de la dette unifiée et consolidée créée en 1895. De sorte que, quand le syndicat allemand fit au Gouvernement la communication à laquelle nous venons de nous référer, la situation de la dette extérieure était la suivante :

```
Capital de 1895......................... 1.600.000 livres sterling
Amortissements jusqu'au 30 juin 1898    117.200        »
                                        ───────────
    Reliquat au 30 juin 1898..... 1.482.800 livres sterling
```

Cette nouvelle situation donna lieu à une troisième convention avec les porteurs d'obligations, qui porte la date du 18 novembre 1898, et par laquelle ils se soumirent encore aux exigences de la position précaire des finances de la République.

Selon cette convention du 18 novembre 1898, les six coupons du 31 décembre 1898 au 30 juin 1901 inclusivement devaient être acquittés, la moitié en espèces et l'autre moitié en certificats provisoires à échanger, à partir du 30 juin 1901, contre des obligations ordinaires de la dette. En outre, l'amortissement prévu par la convention de 1895 était suspendu et ne devait être repris également qu'à partir du 30 juin 1901. Pendant sept années, la somme destinée aux amortissements était alors réduite à 6.000 livres sterling par an, et ce n'est qu'à partir du 30 juin 1908 qu'elle devait s'élever de nouveau aux 15.000 livres sterling de la convention de 1895. Enfin, il était stipulé que l'amortissement devait être repris en commençant par les obligations échangées contre les certificats dont il vient d'être question.

Les coupons des 31 décembre 1898 et 30 juin 1899 furent payés, mais, quant au coupon du 31 décembre 1899, il resta en souffrance, et, depuis lors, le service de la dette extérieure se trouva de rechef suspendu.

Voici donc, dans les conditions que je viens d'exposer, la situation de la dette extérieure au 30 juin 1902 :

	Liv. sterling	Liv. sterling
Capital au 30 juin 1898...................		1.482.800
Paiements arriérés au 30 juin 1901 : 4 coupons semestriels à la moitié de l'intérêt annuel ordinaire de 4 p. c. (convention du 28 novembre 1898).....	59.312	
6 coupons semestriels à la moitié de l'intérêt annuel ordinaire de 4 p. c., à convertir en obligations (même convention du 28 novembre 1898).........	88.968	
Paiements arriérés au 30 juin 1902 : 2 coupons semestriels à l'intérêt ordinaire de 4 p. c.....................	59.312	
Total des arriérés........		207.592
Capital au 30 juin 1902........		1.690.392(1)

Conformément à une convention *ad referendum* signée à Londres, le 26 mars 1902, entre le représentant du Gouvernement de la République et le « Conseil des porteurs d'obligations étrangères », agissant de concert avec le « Comité des porteurs d'obligations du Guatemala », la dette extérieure,

---

(1) Ce calcul, qui est conforme à celui établi par le *Conseil des porteurs d'obligations étrangères*, de Londres, sacrifie les intérêts que les 88.968 livres sterling correspondant aux six coupons à transformer en obligations le 30 juin 1901, auraient dû rapporter depuis cette date.

telle qu'elle vient d'être calculée, serait établie sur de nouvelles bases, dont les principales sont les suivantes :

Les coupons échéant les 31 décembre 1902 et 30 juin 1903 jouiront d'un intérêt de 1 1/2 p. c. par an; après l'échéance du 30 juin 1903, cet intérêt sera porté à 3 p. c. par an.

Le total des arriérés, tel qu'il a été établi ci-dessus, soit 207.590 livres sterling, sera transformé en obligations.

A partir du 31 décembre 1906, un fonds d'amortissement accumulatif de 1 p. c. par an sera appliqué semestriellement au rachat des obligations, soit par achat direct, si les obligations sont au-dessous du pair, soit par tirage au sort, si elles sont au pair ou à un taux plus élevé. Le premier tirage au sort aura lieu en juin 1907, et le coupon des obligations sorties sera payé à l'échéance de fin de ce même mois.

Les droits de douane sont assignés comme garantie au service de la dette ainsi modifiée.

Depuis, un nouveau contrat a été conclu, dont voici la teneur :

CONTRAT AD REFERENDUM passé entre M. le DR. DON JUAN PADILLA, agissant au nom et avec l'autorisation du Gouvernemeut du Guatemala, d'une part, et le COUNCIL OF FOREIGN BONDHOLDERS DE LONDRES agissant conjointement avec le Comité des PORTEURS DE FONDS DU GUATEMALA et comme représentant des porteurs de la Dette Extérieure du Guatemala, d'autre part.

ARTICLE PREMIER. — Le montant total de la Dette Extérieure du Guatemala, établi le 30 décembre 1904, est le suivant :

Principal.......................... £		1.482.800
Moitié des intérêts du 30 juin 1898 au 30 juin 1901, convertibles en obligations d'après la convention du 18 novembre 1898		88.968
Moitié des intérêts du 30 juin 1898 au 30 juin 1901, payables en espèces d'après la même convention, soit : £	88.968	
Moins le montant payé...........	29.656	
SOLDE............ £	59.312	
Convertible en obligations d'après la même convention.......................		59.312
Intérêts à 4 %, du 30 juin 1901 au 30 décembre 1904, convertible en obligations d'après la précédente convention.............		207.592
DETTE TOTALE au 30 décembre 1904 £		1.838.672

ART. 2. — Le taux de l'intérêt sur la Dette Extérieure sera désormais fixé comme suit :

Pour les coupons échéant le 30 juin et le 30 décembre 1905, 1 1/2 % par an ;

Pour les coupons échéant le 30 juin et le 30 décembre 1906, 2 % par an;

Pour les coupons échéant le 30 juin 1907, et après, 3 % par an.

ART. 3. — Les intérêts non payés, mentionnés à l'article 1er, seront échangés au pair contre de nouveaux titres que le Gouvernement de Guatemala émettra, comme il est stipulé dans la présente convention. Les titres qui existent seront, ou bien estampillés en témoignage de leur participation à cette convention, ou échangés au pair contre de nouveaux titres, selon qu'on jugera le plus avantageux de procéder.

ART. 4. — A commencer du 30 décembre 1909, un fonds d'amortissement accumulatif de 1 % par an sera employé semestriellement au rachat des titres de la Dette Extérieure par soumissions ou achats faits au marché, quand le prix des titres est en dessous du pair, et par tirages au pair quand le prix des titres est au pair ou bien au-dessus du pair. Le premier rachat se fera dans le courant du mois de juin 1910; les titres tirés se payant à la date de l'échéance du coupon. Les titres rentrés par achat ou par tirage seront annulés et remis au Gouvernement.

ART. 5. — Comme garantie du paiement de la somme annuelle requise pour le service de la Dette, à laquelle la présente convention a trait, et pour les frais du service de la Dette, le Gouvernement affecte et, à partir du 31 du mois de décembre 1904, s'engage à payer de la manière indiquée ci-après, 30 % qui, selon le décret gouvernemental numéro 585, sont payables en or, sur le montant total des droits d'entrée sur les marchandises qui sont déposées aux douanes de la République, à concurrence de la somme nécessaire pour le service prévu. Cette allocation, qui, d'après la déclaration du Gouvernement même, sera exempte de tous droits et mesurée aux besoins de cette convention à dater du 31 décembre 1904, constituera une première charge sur les 30 % mentionnés plus haut, et il y sera pourvu de préférence à tous autres paiements.

Il sera établi à Guatemala une Commission, se composant de deux membres, dont l'un sera payé par le Gouvernement et l'autre par le « *Council of foreign Bondholders* »; cette Commission sera chargée de surveiller la bonne exécution du présent contrat.

Les receveurs des douanes verseront, chaque semaine, directement au Guatemala, agréée tant par le Gouvernement que par le « *Council of foreing Bondholders* », le montant total des susdits 30 °/₀ en or des droits d'importation, et la banque portera chaque semaine au crédit du compte de la Commission susdite, et à valoir sur lesdits droits, une cinquante-deuxième part de la somme requise pour pourvoir au service de la Dette et aux frais occasionnés par ledit service.

Dans le cas où les recettes faites dans le courant d'une semaine ne permettraient pas de constituer la cinquante-deuxième partie de la somme nécessaire, la somme manquante sera à imputer sur les recettes de la ou des semaines suivantes.

Tous les mois la banque remettra, à Londres, aux Agents chargés du service de la Dette, les sommes ainsi recueillies, de telle manière que le montant nécessaire puisse être disponible en espèces quinze jours au moins avant les dates d'échéance des coupons et, au cas où il y aurait un manquant, le Gouvernement y pourvoiera en dû temps par un paiement additionnel imputé sur les recettes de douanes ou toutes autres ressources.

Le rémunération du Commissaire anglais ne pourra pas dépasser £ 200 par an, et sera fixé de commun accord par le Gouvernement de Guatemala et le « *Council of foreign Bondholders* » et sera payée par le Gouvernement comme faisant partie des dépenses du service de la Dette.

ART. 6. —. Au cas ou un conflit surgirait entre le Gouvernement et les porteurs de titres, celui-ci sera tranché par les Commissaires désignés dans le présent contrat, et leur décision sera définitive et obligatoire pour les deux parties. Si, toutefois, les Commissaires ne tombaient pas d'accord, le litige en question serait déféré aussitôt ou à Sa Majesté le roi des Belges, ou à son Excellence le général Porfirio Diaz, président de la République du Mexique, au choix du Gouvernement du Guatemala. Se trouveraient-ils dans l'impossibilité de rendre une décision, en ce cas, un autre arbitre, choisi avec le consentement réciproque du Gouvernement de Guatemala et du « *Counsil of foreign Bondholders* », aura le pouvoir de mettre fin au désaccord, et cela dans des conditions qui pourront le mieux sauvegarder les droits respectifs du Gouvernement et des porteurs, les deux parties s'obligeant irrévocablement et sans réserve à accepter la décision rendue par l'arbitre et à l'exécuter.

ART. 7. — Les frais entraînés par la présente convention, y compris les droits de timbre, seront supportés par le Gouvernement, et seront payés en espèces ou couverts par l'émission d'un nombre suffisant de nouveaux titres, au choix du Gouvernement. Les titres seront signés par l'agent du Gouvernement et sans frais pour le « *Council of foreign Bondholders* ».

ART. 8. — Le « *Council of foreign Bondholders* », d'accord avec le Gouvernement ou son représentant, entreprendra la régularisation de l'arrangement et de toutes les formalités nécessaires.

ART. 9. — Le présent arrangement est soumis à

la ratification, d'abord du Gouvernement de Guatemala et, ensuite, à l'acceptation des porteurs, décidée en Assemblée générale, laquelle sera convoquée par le « *Council of foreign Bondholders* » et tenue à Londres.

Londres, ce 18 juillet 1904.

Pour le Gouvernemet de la République de Guatemala, et selon les pouvoirs conférés par le Président, en date du 13 avril 1904.

J. Padilla.

Pour le « *Council of foreign Bondholders* » et le Comité des porteurs de fonds du Guatemala.

Avebury.

Situation active et passive. — Conformément aux documents officiels, la situation passive, au 31 décembre des six dernières années, est accusée par les chiffres suivants, en piastres de monnaie nationale. (Voir le tableau page 243.)

Il est facile de calculer que si au 31 décembre 1901 le change n'eût pas été plus élevé qu'à la date correspondante de 1896, le passif se serait réduit à 48.941.431 piastres, d'où il résulte que la différence

SITUATION PASSIVE

	1899 Piastres	1900 Piastres	1901 Piastres
Dette intérieure..	18.343.524	20.142.043	20.379.839
Dette extérieure..	55.928.387	47.311.559	58.504.234
Divers comptes débiteurs en piastres de monnaie nationale.	7.420.252	7.420.252	7.329.827
Divers comptes débiteurs en or, traduits en piastres de monnaie nationale, conformément au change..................	3.594.185	3.380.042	4.083.316
Totaux.....................	85.286.348	78.809.669	90.297.216

SITUATION ACTIVE

	1899 Piastres	1900 Piastres	1901 Piastres
Biens nationaux..	17.046.756	17.179.422	18.221.462
Chemin de fer du Nord (coût de construction)...............	12.586.402	17.179.422	12.761.818
Chemin de fer d'Iztapa (coût de construction)...............	438.707	416.049	446.049
Ligne Decauville (coût de construction) (1).................	7.350	7.350	7.350
Port d'Iztapa (coût de construction)......................	1.059.737	1.140.790	1.140.790
Terrains des Andes...	188.961	188.961	188.961
Divers comptes créditeurs, en piastres de monnaie nationale.	1.207.390	1.292.478	1.353.051
Totaux.....................	32.535.393	32.981.468	34.118.481

(1) Ligne de quelques kilomètres entre Guatemala, Guarda-Viejo et Guadalupe.

avec le chiffre réel, soit 90.297.216 — 48.041.431 = 41.355.785 piastres, est due à la surélévation du change.

L'actif de la nation n'a été évalué, avec une approximation suffisante, que depuis cette année que les propriétés immeubles de la République figurent avec leur valeur d'estimation. Cette situation est donnée comme suit. (Voir le tableau page 243.)

Plaçant en regard les chiffres de l'actif et du passif, on arrive aux résultats suivants :

31 décembre	ACTIF Piastres	PASSIF Piastres	DIFFÉRENCE Piastres
1898.............	33.868.213	45.782.480	— 11.944.267
1899.............	32.535.303	85.286.348	— 52.751.045
1900.............	32.981.468	78.809.669	— 45.828.201
1901.............	34.118.481	90.297.216	— 56.178.735

En résumé, la situation des finances guatemaliennes est des plus délicates. Au fond, l'excédent considérable du passif sur l'actf importe moins, puisque ce passif n'est exigible, pour la majeure partie, qu'à la longue, à des échéances déterminées, et encore seulement pour des parties relativement faibles à la fois ; mais ce qui importe beaucoup, c'est que, pour un actif sensiblement constant, le passif n'a cessé de croître dans des proportions considérables. On en connaît déjà

les causes : la première, et de beaucoup la plus importante, est la surélévation du change, qui a fait augmenter parallèlement la contre-valeur en monnaie
nationale des dettes contractées en or; la seconde
réside dans l'insuffisance des recettes provenant des
ressources ordinaires, c'est-à-dire l'insuffisance des
véritables rentes de la nation, en présence des dépenses que celle-ci a eu à s'imposer dans ces dernières
années.

Développer l'exportation et limiter l'importation
par des encouragements à l'agriculture et à
l'industrie; favoriser surtout l'implantation des
branches d'activité qui, à côté de celles déjà
existantes, peuvent le mieux prospérer dans le pays;
et, en attendant que le pays puisse prendre une
mesure financière plus satisfaisante, circonscrire
l'émission des billets dans ses plus justes limites,
tels sont les moyens mis en œuvre par le Gouvernement, dans la sphère d'action qui lui appartient,
pour enrayer la hausse du change et faire rentrer
celui-ci dans des conditions plus normales.

De même, pour rétablir l'équilibre dans son budget,
le Gouvernement a inscrit à son programme la

réduction des dépenses au strict nécessaire, une grande surveillance dans la perception des impôts, la majoration de ceux déjà existant et la création de nouveaux, dans la mesure des besoins du Trésor.

Conclusion. — Le Guatemala, ainsi qu'il a été exposé dans les pages précédentes, est actuellement un pays pour ainsi dire exclusivement agricole, sur une grande échelle exportateur de café, et où l'industrie minière et manufacturière, bien qu'il paraisse pouvoir fournir abondamment des matières premières de différentes espèces, n'existe encore qu'à l'état embryonnaire. Riche également en forêts contenant les essences les plus diverses et les plus appréciées, l'exploitation n'en a cependant guère été possible jusqu'à ce jour, par suite surtout du défaut de voies de communication avec l'intérieur.

Le café est donc la grande et, pour ainsi dire l'unique ressource du pays. Exploité pendant longtemps dans d'exellentes conditions économiques, par suite principalement du prix de vente fort rémunérateur de ce produit, le Guatemala accrut sa richesse nationale, et les importations d'articles manufacturés des États-Unis et l'Europe prirent rapidement un accroissement notable. Cette ère de grande prospérité dura jusqu'en 1896.

A partir de cette époque, la culture du café s'étant dans l'entre-temps développée considérablement dans presque tous les pays producteurs de cette précieuse fève, celle-ci vit enfin ses prix faiblir, pour éprouver ensuite une baisse rapide et désastreuse, qui s'est continuée jusqu'à ces jours derniers.

Quelle a été la situation du Guatemala en présence d'un mouvement rétrograde aussi accusé de son grand article d'exportation? La réponse est simple, car le bien-être, la prospérité et l'avenir du pays s'étant appuyés sur une seule branche d'industrie agricole, celle précisément qui eut à affronter cette chute précipitée, on se rend aisément compte combien grandes devinrent ses difficultés, sans qu'il soit nécessaire d'entrer à ce sujet dans de longs développements. Les exportations ayant perdu une partie considérable de leur valeur, les importations perdirent une non moins grande partie de leur ancienne importance, et les revenus de l'État subirent le même sort.

Déjà endetté par sa prodigalité pendant les années de prospérité, la décroissance successive de ses revenus amena pour l'Etat un problème tous les jours plus malaisé à résoudre ; les emprunts succédèrent aux emprunts, et, finalement, on dut recourir à la déplorable mesure financière des Gouvernements aux abois : le cours forcé du papier monnaie.

La situation économique actuelle du Guatemala est donc bien peu propice au développement des relations commerciales avec notre pays. Et d'ailleurs, même dans des conditions normales, l'importance de ce marché, le chiffre de sa population, permettent-ils d'espérer en notre faveur une expansion d'affaires quelque peu notable? Sous ce rapport, n'oublions pas que le Guatemala, quoique occupant une superficie considérable, n'atteint pas une population de deux millions d'habitants, et qu'au surplus ce chiffre, déjà relativement fort réduit, perd encore considérablement de sa valeur si l'on réfléchit qu'il comprend environ 1 million d'Indiens, qui sont des consommateurs pour ainsi dire négligeables au point de vue des produits importés. N'oublions pas non plus que les Etats-Unis, l'Allemagne et l'Angleterre y occupent une situation entièrement prépondérante parmi les importateurs, situation établie d'ancienne date, rendant la concurrence bien difficile, et d'autant plus que c'est précisément vers ces marchés que le Guatemala dirige son café.

Quoi qu'il en soit cependant de la faiblesse du chiffre des consommateurs, la lutte entre les différents pays producteurs est âpre, et l'on ne pourra que s'enorgueillir des efforts qui seront tentés par nos nationaux pour donner de l'essor à leurs affaires en Amérique centrale, en présence surtout des difficultés économiques actuelles de ces pays et de la concurrence qu'ils y rencontreront. En ce qui concerne spécialement le Guatemala, nous espérons qu'ils trouveront dans les pages précédentes des renseignements utiles pouvant leur servir de guide.

Une situation économique moins compromise dans la République de Guatemala rendrait certainement moins malaisé l'accès de son marché à une plus grande quantité de nos articles; mais, sur ce terrain, peut-on espérer une amélioration prochaine? Nous ne le pensons pas. Pour que le Guatemala puisse sortir de l'impasse où il se trouve présentement engagé, il est nécessaire et indispensable qu'il modifie et développe sa production. Il doit la modifier parce qu'il apprend actuellement à ses dépens ce qu'il en coûte à un pays de concentrer toutes ses forces vives sur une seule branche d'industrie. Parallèlement au café, le Guatemala devrait donc produire sur une plus vaste échelle le froment, le maïs et d'autres céréales; il devrait, selon toute apparence, s'appliquer encore à faire revivre sur son territoire la culture autrefois si florissante et si répandue du cacao; il devrait enfin faire des efforts sérieux pour créer un mouvement industriel. Le Guatemala doit aussi développer sa production, avons-nous ajouté, parce que ce n'est que par un excédent de sa production sur sa consommation qu'il parviendra à payer ses dettes et à rétablir sa circulation métallique. Des années sont souvent nécessaires pour exécuter un programme de cette importance.

APPENDICE

Tarif des Droits consulaires perçus pour le visa des Factures (1)

Jusqu'à 500 francs. . . . . 35 francs
De   500 à 2.500 francs.   50   —
De 2.500 à 5.000   —   70   —
De 5.000 à 15.000   —   80   —
De 15.000 à 30.000   — 100   —
Et 10 francs par 500 en plus.

Le jeu des quatre formules des factures consulaires se trouve dans tous les Consulats de la République au prix de 1 franc.

En cas de déclaration frauduleuse, le Consul percevra en plus par facture. . . . . . 25 francs

---

(1) Ce tarif est celui en vigueur en décembre 1906. Contrairement à ce qui est dit à la page 56, qui était imprimée avant le changement survenu.

Pour la copie d'actes enregistrés au Consulat, par feuille.................. 2 fr. 50

Pour le consentement pour le mariage de mineurs....................... 25 francs

---

Corps consulaire du Guatemala résidant en France :

Paris. — CHARLES-H. STEPHAN, consul, 61, boulevard Beaumarchais, de 10 heures à 12 heures. Téléph. 216-39.

Agen. — EVARISTE CARRANCE, consul.

Angoulème. — J.-M. JIMENEZ, consul.

Arcachon. — F. AUDAP, consul.

Bordeaux. — R. PINEDA MONT, consul.

E.-H. ANNAPIER, vice-consul.

Dieppe. — F.-H. BERTHOD, consul.

Le Havre. — PROSPER LECOMTE, consul.

Lyon. — J. BUFFAUD, consul.

Marseille. — A. FRAISSINET, consul.

Menton. — V. AGLIANI, consul.

Nice. — S. PASCAL DE FALTICENI, consul.

Saint-Etienne. — A. SOUAZÉ, gérant le consulat.

Saint-Nazaire. — LA TOUCHE fils, consul.

Alger. — E. GAUTHRONET, consul.

Royan. — L. VALLADE, vice-consul.

CONSULADO DE GUATEMALA EN PARIS

61, Boulevard Beaumarchais, 61, PARIS

Factura nº

Por el vapor

Contiene bultos

— páginas

Peso total de los bultos, bruto

Vator total

Derechos consulares

Remitente :

A la Consignacion de :

Puerto de destino ———————— De la Republica de Guatemala

El infrascrito Sr D. ———————— dé esta capital de la casa comercio ———————— calle ———————— num ———————— que firma la factura que precede, protesta y jura ser cierta en todas sus partes y que procede con legalidad y buena fe, sujetandose à lo que disponen las leyes y tribunales de la Republica de Guatemala por cualquiera inexactitud o ilegalidad que dicha factura contenga.

Paris, ———————— de ———————— de 190 ———

Yo, CARLOS-H. STEPHAN, Consul de la República de Guatemala en Paris, certifico y doy fe que la declaracion, protesta y compromiso que anteceden han sido dados y firmados ante mi.

En testimonio de lo cual sello y firmo la presente, habiendo entregado el original al interesado y guardado la copia suscrita por el mismo.

Paris, ———————— de ———————— de 190 ———

El CONSUL,

FACTURA

de la mercaderias embarcadas por ———————— à bordo del ———————— « ———— » de nacionalidad ————————
———————————————, su capitan ———————— con destino à ————————

à la consignacion de ————————

MARCAS y contramarcas	NUMEROS	CANTIDAD DE BULTOS		CLASE	PESO BRUTO EN KILOGRAMOS		NOMBRE, CLASE Y MATERIA DE LAS MERCADERIAS	PESO NETO O CON ENVASE DE LAS MERCADERIAS		NUMERO DE PIEZAS DE LA MERCADERIAS		VALOR
		En Guarismos	En letras		De cada bulto (en letras)	De todos los bultosreunidos en guarismos	DE LAS MERCADERIAS	En guarismos	En letras	En guarismos	En letras	

Table des Matières

E

F

G

H

I

N

O

P

R

S

T

V

FIN

www.ingramcontent.com/pod-product-compliance
Ingram Content Group UK Ltd.
Pitfield, Milton Keynes, MK11 3LW, UK
UKHW021255180726
13837UKWH00007B/41